COSIMO MIRIGLIANO

Due corpi, una sola mente

CAVINATO EDITORE INTERNATIONAL

Cosimo Mirigliano
Due corpi, una sola mente

Prima Edizione cartacea 2016
Isbn 978-88-69823-76-3

CAVINATO EDITORE INTERNATIONAL

Vicolo dell'Inganno, 8 - 25122 Brescia - Italy
Tel. (+39) 030 2053593 - Fax (+39) 030 2053493
cavinatoeditore@hotmail.com • *info@cavinatoeditore.com* •
www.cavinatoeditore.com
Impaginazione e grafica ***LFA Publisher Napoli***

Ringraziamenti

Prima di cominciare a scrivere tale testo, mi sono trovato dinanzi la medesima pagina che hai tu in questo istante; l'unica dissomiglianza sta nel fatto che la mia era del tutto bianca. Mi son detto; - ma adesso, cosa posso scrivere? - Le parole poi son venute fuori come sparate da un cannone, incoraggiate anche dalla mia intemperante immaginazione; l'unico prodigio che serbo ancora con eccessiva cura. Senza troppo infiacchirti, abuso ulteriormente del tuo prezioso tempo per fare qualche omaggio dovuto e oltremodo affettivamente sentito.

Inizio con l'acchiappare nel contenitore dei ringraziamenti, la mia consistente famiglia, perciò i miei arguti ed amabili genitori, le mie due audaci sorelle e i miei cinque, non comuni, fratelli. Non dimenticando i miei cordiali cognati ed i miei nipoti, sette di numero, che per me sono come dei monili. Da questa compagine, però, avverto l'impellente desiderio di mettere in evidenza un autorevole "grazie" a mia sorella Caterina, la quale mi ha supportato e sopportato per le migliaia di telefonate che ha ricevuto in questo lungo periodo di scrittura, confinando le mie insicurezze ad un semplice e conciso - ma stai tranquillo, stai andando bene. - Di riflesso invece, voglio acciuffare anche mio fratello minore Damiano, ultimo per gerarchia ma primo per preferenza, dedicandogli parte della riuscita del libro; grazie a lui ho dato il massimo, di più non avrei potuto. Ha scelto, premeditandolo, di leggere il romanzo come sua prima volta solo nei giorni in cui io e l'editore stavamo curando le ultime modifiche, prima della stampa ufficiale. Tant'è che alla domanda; - perché lo hai letto solo ora? - Mi risponde - aspettavo la stesura definitiva - Avrei tante altre persone più o meno emotivamente vicine, a cui porgere un sentito ringraziamento, quali gli amici, che sparsi per il mondo hanno sollecitato il mio entusiasmo a non abbandonare questo mio sogno. Anche in questa circostanza però, sento di dover far sporgere una differenza, quindi riservare un atto di ossequio al mio più caro amico, nonché padre della mia piccola figlioccia, Giovanni.

Ed infine...pensavi che mi fossi scordato vero? Invece no, ringrazio proprio te che hai avuto la voglia di soffermarti su questa pagina e di entrare unitamente a me in quel luogo dove sono nascosti i segreti di noi tutti.

Buona lettura
Cosimo Mirigliano

A Marco e Noemi

Mi volto desideroso in direzione del battente,
nella speranza di avvertire quell'effluvio,
che illusorio mi cinge lo sforzo.
In compenso però
..un barlume di sole si addossa lungo un fosco casolare.

E' afoso, ma vitalizza
è tiepido, ma raffredda
..sì, raffredda quella malinconia
che in questo preciso istante
fluisce rasente la mia commozione.

Rammenti?
Ti conobbi quando ero ancora un pargoletto,
lì, scrutai la tua sconfinata grazia
che ancora oggi mi ammollisce il cuore,
illudendomi che in un'altra vita
sarai sempre tu la compagna del mio nascere.

Mirigliano Cosimo
16 maggio 2002

1.

Dopo una notte di birra e sigarette Giacomo si sveglia da solo nel letto che per sette anni ha diviso con Gaya. Oggi sarebbe stato il loro anniversario, *e pensare che c'è chi dice che non vale la regola del settimo anno.* Dall'ultima litigata sono trascorsi dodici giorni. E appena dodici ore da quando ha deciso di mettere fine a una situazione che da troppo tempo oramai non funzionava più.

Malgrado Gaya non ci sia, però, la stanza o, come la chiama lui, il *bunker*, è impregnata del suo odore. Si gira verso l'interno del letto e il cuscino rosa, pomposo e morbido come le sue tette, è ancora lì.

«Ho deciso io di finirla e allora perché non capisco cosa sia successo davvero?»

Squilla il cellulare. Lo afferra a tastoni, risponde. Sono gli amici dello sballo. Sì sì, ok. Dopo cena appuntamento dall'egocentrica del gruppo. Sicuro che *all inclusive*, ci rimedia anche una notte di sesso con la padrona di casa.

Chiusa la conversazione lancia tutto per aria; cuscini, lenzuola, piumone e va verso il bagno per farsi una doccia e togliersi di dosso l'ultima traccia di una notte senza senso. Con shampoo e bagnoschiuma in mano entra in piedi nella vasca e rimane lì, nudo e fermo, a guardarsi intorno. Ovunque ci sono cose di Gaya, le sue boccette, i suoi profumi, fili di capelli incastrati nello scarico, un pacco di assorbenti aperto e lasciato in bellavista. Ma soprattutto la cosa che gli ha sempre dato sui nervi: la piastra attaccata alla presa che penzola per una parte nel lavandino.

«Un modo subdolo di farmi fuori, ci scommetto.» Con uno slancio esce dalla vasca, afferra tutto quello che c'è e lo scaraventa in un sacchetto della spesa.

A questo punto, vuoi per lo sfogo, vuoi per la sigaretta appena fumata, sente l'esigenza di sedersi sulla tazza e lasciarsi andare. Di corsa finisce di defecare, di pulirsi, di lavarsi e rientra in camera dimenticandosi del caos che lo attende. Oggi, primo maggio duemila tredici ore dieci del mattino, alla radio nazionale lo *speaker* passa in rassegna i cantanti che si esibiranno al concertone in Piazza San Giovanni. Come di consueto, prima gli artisti meno "artisti", poi tutti gli altri, fino a concludere la serata col grande ospite internazionale. Si adopera a fare dello zapping radiofonico e lascia sintonizzato su una frequenza che trasmette solo musica rock.

Alle tre e dieci del pomeriggio i pacchi di Gaya sono sistemati, il concerto è iniziato da qualche minuto ed il pranzo è stato assaporato con lo stesso godimento con cui si gusta una preda rubata dalla trappola di un felino. Prende lo scooter e pensa che gli piacerebbe fare un giro al mare prima di andare verso Trastevere. Per cui casco in testa, documenti nel giubbotto e chiavi in mano, si accomoda sulla sella nera e morbida del suo vecchio ciclomotore. Oggi la città è un parapiglia incredibile, metropolitana e mezzi di superficie vanno a rilento e la canicola amplifica i disagi. Ma a Giacomo non importa, vuole arrivare lì il prima possibile e mentre sfreccia tra le vie del centro, gli scorrono dinanzi immagini lampo del suo passato e la strada che l'ha condotto a lasciare Gaya.

«Ma dai, in fondo ci amiamo, tutto passerà, è ancora possibile chiamarla e sistemare tutto.»

O forse no. Questa volta non funziona così. Questa volta vuole andare fino in fondo alla sua scelta. Senza quasi accorgersene si trova già sulla Via del Mare. Come ogni anno da quando vive a Roma, il primo maggio lui *deve* andare ad Ostia. Oggi viene aperta ufficialmente la stagione turistica e lidi, spiagge private e pubbliche, discoteche e un milione di abusivi riprendono a lavorare a pieno ritmo in un mondo dove nemmeno chi ha conseguito tre lauree, dottorato presso la Regina o specializzazione alle Nazioni Unite ci riesce. Loro, gli innominati, sono pronti, ad ogni monetina non data, a lasciare l'autografo sulla fiancata della tua auto. Ma Giacomo, invece, si beffa di tutti e al mare ci va sulle due ruote. Accaldato e con la testa quasi infuocata per via del casco, arriva sulla strada dei *cancelli*, ma decide di proseguire in cerca di un luogo più isolato dove trovare un po' di tranquillità. Parcheggia a ridosso della rete e si infila in un sentiero tracciato dai passi sulla sabbia. Poco più in

skyline romano fatto di luci e alberi. Intorno a lui, complice l'uscita al cinema di un film popolare, il ponte si è riempito di lucchetti di ogni grandezza e colore, con dediche folcloristiche nelle lingue più diverse. E quei lucchetti adesso gli ricordano la storia con Gaya.

Anche quella, come il ponte, si è riempita a poco a poco di serrature, di fantasmi e di tanti, troppi, dettami che non è mai riuscito veramente ad accettare.

«Giacomo mi hai stancata, non trovare scuse, tu non mi ami, punto e basta. Ami solo quella tua bella faccia da stronzo e nessun altro, ma prima o poi ti stancherai anche di ammirarti allo specchio, solo che io non sarò più qui ad accogliere le tue montature. Quando si ama, si ama in tutto quello che l'altro rappresenta.»

La sigaretta di Giacomo questa sera sembra non volersi spegnere mai, o forse è lui che non vuole lasciare quel luogo.

«Si può amare un essere umano alla follia e non riuscire a dimostrarglielo, in nessun modo, facendogli solo del male pur senza volerlo?»

Questa domanda non smette di tormentarlo, insieme ad un'altra: perché è stato così urgente separarsi da Gaya?

Non era più normale sentirsi col cappio al collo, ma con una storia che riusciva almeno in parte a scandire la sua vita, a darle un senso? Non è quello che fanno tutti? E invece adesso, libero com'è, si sente più che mai un animale selvaggio che sbatte contro le pareti di una gabbia senza fenditure.

«Scusi, potrebbe indicarci la strada per arrivare a piedi a San Pietro?»

Una coppia è ferma dietro le sue spalle, e aspetta una risposta. Giacomo un po' di getto, un po' per abitudine, appena si riprende dall'irruzione ribatte, che da diversi punti lungo il Tevere - se ci si fa caso - si vede il cupolone, per cui con un po' di pazienza e delle scarpe meno alte ci si può arrivare senza tediare nessuno; dopodiché li saluta e si dirige verso lo scooter. Mentre ripercorre i suoi due, quattro, otto, sedici, trentadue passi gli arriva una fitta all'addome, per cui si siede sugli scalini che danno sulla strada.

2.

«Scusa, potresti scattare una foto a me e alla mia amica?»

Giacomo aveva smesso di digitare il suo sms e aveva issato gli occhi verso una ragazza che gli stava di faccia.

«Ce l'hai con me o stai alludendo a qualcun altro?»

Per tutta risposta la ragazza gli aveva mostrato una piccola macchina fotografica digitale.

«Puoi mettere via quel telefono e scattarci una foto? Possibilmente senza darti alla fuga con la mia macchina, ovvio».

Giacomo era rimasto attonito, principalmente perché in quel primo di aprile le burle tuonavano ovunque e lui ne aveva conteggiato già parecchie. Ma tutto nei paraggi e la città era esattamente come qualche minuto prima; nessuno dei suoi colleghi o amici era nascosto dietro qualche macchina o motoretta delle *grattachecche.* La ragazza era lì, con la sua amica, con la sua faccia farsesca e un accento provocante.

«Ah, dimenticavo, mi chiamo Gaya Alvarez e sono spagnola».

E lui in un nano secondo aveva spento il telefono, scattato la fotografia e balbettato il proprio nome

«Giacomo, io mi chiamo Giacomo».

Ovviamente Gaya la discrezione l'aveva mollata a Barcellona, mentre lui la teneva sempre celata nel taschino. Lei era in viaggio in Italia per decidere in quale città si sarebbe trasferita l'anno successivo. Studentessa di architettura all'università di Barcellona, aveva fatto domanda per una borsa Erasmus di nove mesi in Italia, per poter studiare e approfondire cultura e lingua di un paese del quale ne era sempre stata affascinata. Il progetto includeva tre opzioni: Firenze, Roma o Palermo; ma prima di avere la risposta ed organizzare il trasferimento aveva deciso di visitare tutte e tre le città.

Di se stesso, invece, non aveva svelato quasi niente, a parte la sua predilezione per l'arte in genere, che in quell'iniziale e maldestro scambio di battute sembrava aggiungersi alla sua lunga lista di goffaggini. Per il resto ad ogni domanda di Gaya rispondeva semplicemente:

«magari un giorno lo scoprirai da sola».

Eppure, mentre l'amica era immersa a scattare fotografie di piazze, sculture e fontane, Giacomo e Gaya si erano trovati reciprocamente estroversi.

Lui le aveva favoleggiato infiniti particolari su Roma.

«Gaya, devi sapere che questa città non si spegne mai»

Le parlottava mentre, avanzandole a fianco, evitava di scrutarla negli occhi.

Lei invece, lo ispezionava eccome, soprattutto quando lui sogghignava.

Solo anni più tardi avrebbe rintracciato che il vero motivo per cui Gaya era rimasta con lui quel giorno, malgrado la sua goffaggine, era stato proprio il suo maledetto sorriso da stronzo.

Ad un certo punto l'amica, prostrata dalla scarpinata, aveva deciso di rientrare in albergo per la cena. Si erano accordati per risentirsi più tardi, ma una volta in stanza, la ragazza aveva perso i sensi sul letto dinanzi a *Paperissima*, l'unica trasmissione che non necessitava di un grosso intendimento glottologico. In seguito a numerose telefonate e finte apprensioni, Gaya e Giacomo avevano deciso di continuare la serata da soli e dopo aver recuperato lo scooter erano andati in un piccolo locale affacciato sul Lungotevere dalle parti della Basilica di San Paolo; non era molto bazzicato ma abbastanza abbordabile. Il clima dolce della primavera precoce li aveva incoraggiati a scegliere un tavolo all'esterno. Nell'acqua del fiume, in un riflesso capovolto, si specchiavano il cielo stellato e le luci della città.

«Ragazzi ve lo porto un vinello molto buono che mi è arrivato oggi dalla Sardegna?»

Il cameriere era appena sparito, che la testa di Giacomo si era fatta più leggera. Non riusciva a staccare gli occhi dal collo esile di Gaya, dai suoi zigomi sporgenti, dalle due fossette che le si sagomavano ai lati della bocca quando sorrideva e che lo facevano ammattire, unitamente alla sua cantilena spagnola.

Così, bicchiere dopo bicchiere, sigaretta dopo sigaretta si erano ritrovati a chiudere il locale. Dopo aver pagato, dinoccolati e inermi, si erano alzati e si erano allontanati lungo il Tevere; lei qualche passo più avanti, lui alle spalle a bramarla.

Abbandonato alla sua fantasticheria Giacomo le lambiva le caviglie e delicatamente le snodava le scarpe, poi abbracciandole il piede si passava le dita sulla bocca bagnata di saliva e alcol. Lei con gli occhi semi stretti arcuava il collo all'indietro e si lasciava palpare, mentre lui scalzo e senza camicia la circondava da dietro sfiorandole i fianchi, le braccia, le spalle, la provocava con piccoli morsi sul collo e mentre lei roteava verso di lui approfittava delle sue labbra, e baciandola infilava le dita tra i suoi capelli, dentro il vestito e sotto il reggiseno a pinzarne i capezzoli. Lei in preda all'esaltazione si sfilava le mutandine e continuando a lambirlo gli si sedeva sopra e...

«Giacomo ci sei? A che pensi? L'alcol ti sta dando alla testa, eh?»

Nel ritornare al mondo reale, Giacomo, si era ritrovato con una ciucca in atto ed un inturgidimento che non sapeva più come occultare. Ed era stato in quel preciso momento, mentre cercava maldestramente di stare in piedi e passeggiare come se niente fosse, che lei gli aveva detto:

«Giacomo non posso trattenermi a lungo questa sera perché domani mattina dobbiamo rientrare a Barcellona e devo fare ancora altre commissioni e assestare la borsa».

Sarà stata la stangata o il livello alcolico in corpo, ma Giacomo a quel ragguaglio non aveva nemmeno reagito. Se non fosse stato per Gaya che si era impuntata affinché smettessero di vagare, lui sarebbe andato avanti per ore, come in una visione onirica. Ma lei aveva tirato fuori un foulard dalla borsa e lo aveva spiegato sul ciglio, e si erano seduti uno accanto all'altra. Fumerei volentieri una sigaretta aveva proferito lui, ma visto che le avevano terminate toccava chiederle a qualcuno, e allora si erano messi ad aspettare che arrivasse un passante a cui mendicarla, anzi a cui lei avrebbe chiesto perché era una femmina e si sa che per una ragazza che cerca una sigaretta è molto più semplice, e intanto che aspettavano si erano accoccolati come due feti nel grembo di una stessa madre e si erano addormentati.

3.

«La devo smettere di fare bravate - di tracannare come un ubriacone - di fumare come un turco - di pensare ininterrottamente come un invasato - di usare improperi - di andare a feste inutili - di incontrare gente che non mi appassiona - di andare a letto ad orari improponibili - di alzarmi troppo tardi la mattina - di mangiare a dismisura - di usare mille volte il cellulare sia in macchina che sullo scooter - di non lavare spesso i denti - di masticare troppe chewing gum - di non pagare l'abbonamento della televisione - di non riprendere la palestra - di non contare fino a dieci prima di aprire bocca e sicuramente cosa molto importante devo imparare a pensare più lentamente prima che mi venga un infarto...»

Giacomo non sa perché agisce così e in fondo non gli frega niente di scoprirlo. Sa solo che non vuole più vivere su queste continue montagne russe. Ma non adesso. Adesso deve andare alla sua sterile serata nei pressi di Trastevere. Fa un'inversione esagerata, si lancia sul Lungotevere e arrivato a piazza Trilussa trova un posto qualsiasi e parcheggia lo scooter. Din, sul cellulare è arrivato un messaggio di Michela Brunelli, la mamma di Gaya, scritto in un italiano tanto seccante quanto saccente, che lo esorta a rispedire le cose di sua figlia a Barcellona il più presto possibile, per chiudere definitivamente quella storia. Giacomo ripensa a tutta la roba di Gaya chiusa nelle scatole e gli scoppia un mal di testa atroce. Cancella il messaggio e si incammina verso la trattoria dove ha luogo l'appuntamento con gli altri.

Non ha fretta: in quei vicoli ha consumato tanto di quel tempo che le sente esclusive, vuole assaporare questo istante in completo isolamento. Lungo le viuzze ogni tanto si arresta ad esaminare un dettaglio, lasciandosi catturare dagli odori e dai colori che il quartiere rivela solo a chi lo attraversa con calma, a poco a poco. L'asfalto delle strette strade è sconnesso, i piccoli negozi artigianali e i ristoranti sono pieni zeppi, con file chilometriche di turisti e i tanti giovani seduti lungo il percorso a festeggiare il loro chiacchiericcio. Giacomo si sente finalmente nel posto giusto e con la persona giusta: se stesso. Percorre Via della Paglia fino ad arrivare a Piazza Santa Maria in Trastevere e come di consueto si ferma all'angolo che porta in Piazza di Sant'Apollonia dove ci si è messa una simpatica vecchietta che con la sua radio tascabile e il suo abito un po' gitano e un po' del quartiere Magliano si dimena su una musica da discoteca assordante. L'episodio, giustamente, non incuriosisce solo lui ma tutti i pedoni che increduli la osservano fino al punto di lasciarle una moneta in una lattina di bibita che lei ha strategicamente poggiato dinanzi ai piedi.

«Forse dovrei provare anche io un giorno a scegliere una danza qualsiasi, in una piazza qualunque, in una città ordinaria, in un banale continente; proverei più soddisfazione a rendere felice gli altri anziché me stesso.»

Ecco che vaneggia. Il cellulare squilla più volte ma lui non risponde: di sicuro è il ganzo del gruppo che lo chiama per sapere che fine abbia fatto. Svanito l'ultimo tentativo di defilarsi dalla cena, raccoglie le idee e si incammina definitivamente verso la trattoria.

«Ehi Arturo, come va? Gli altri sono arrivati o sono annegati nel sugo dell'Amatriciana?»

Giacomo e Arturo, che fa il cameriere al ristorante, sono amici, anche se è un po' che non si vedono fuori dal lavoro. L'ultima volta con loro c'era anche Gaya e questa assenza aleggia sui loro saluti come un disagio non confessato. Ma poi è Arturo a rompere il ghiaccio.

«Ciao Giacomino, sono tutti di là, al solito tavolo col solito vino all'angolo della sala a schiamazzare, come sempre»

Al suo ingresso i saluti e le domande rimbalzano sulle pareti come palle da *squash*, e a lui non resta che aspettare la finale di questa partita. Casualmente - o forse no - è rimasto libero il posto a capotavola. Alla sua sinistra sono seduti otto pseudo amici, alla sua destra, invece, le pseudo ragazze. Accanto a lui, invece, ha preso la residenza la famosa Alessandra, detta Sandra, a casa della quale si concluderà la serata

«Che diminutivo coatto! ahò Sandra, ndò vai? che fai? Se viè stasera, se famo du spaghi a casa tua, o a quella de Cesare, dai dai che jà famo…»

Non può farci nulla, da quando ha avuto l'onore di conoscerla, associa quel nome inevitabilmente ad una persona volgare, brutta, insignificante, con un grosso neo sul viso che gli ricorda il personaggio esilarante del film di *Austin Power*, o le tette calanti di *Ciccio bastardo.* Gli altri chiacchierano di cose che a Giacomo non interessano; qualcuno vive ai Parioli e trascorre le proprie giornate tra social network, aperitivi e cene galanti; altri invece, con lo yacht ancorato a Porto Cervo, fanno vedere le fotografie scattate a Pasqua con attori famosi, tronisti e personaggi dell'ultima casa del grande fratello.

«Fantastico, sta per iniziare una serata di emozionanti emozioni e stimolanti stimoli.»

Alessandra, per gli amici Sandra, ma per Giacomo Vacca, fa finta di ascoltare gli altri e li asseconda con gridolini di approvazione; d'altronde cosa sarebbe la vita se non ci fossero persone come loro? Nessuno dei presenti, però, può riuscire quella sera a distoglierla dal suo vero obiettivo, che è quello di portarsi a letto Giacomo. La notizia della rottura fra lui e Gaya è volata alla velocità della luce lungo le fibre ottiche di tutta Roma, e non solo. Sandra non può certo perdere questa occasione. E così durante la cena, mentre si rivolge alla ciurma simulando interesse, con la parte inferiore del corpo lancia messaggi al suo dirimpettaio tutt'altro che ambigui:

«ops, scusa Giacomo, per sbaglio ti ho toccato il piede»

A volte, invece, dà libero sfogo alla lingua e a questo punto Giacomo si estrania completamente. Sandra è una ragazza dalle molte passioni, non c'è che dire: nail art, centri estetici frequentati da vips della tv, i negozi di via Cola di Rienzo. E sa anche un sacco di cose, perché legge tutte le notizie postate in rete, su qualunque social, guai a perdersi un aggiornamento di stato. Per strada la riconosci subito: è quella carica di buste dello shopping e col cellulare dinanzi alla faccia, come fosse un'estensione fisica dei suoi occhi.

E' il momento di decidere se passare all'amaro o al caffè. Giacomo prende un caffè con qualche goccia di limone tanto per non vomitare, ma allo stesso tempo rimanere nell'incoscienza dell'effetto alcolico. Trascorre un'altra mezz'ora di chiacchiere sterili. Solo che adesso le parole scorrono a rilento, fluttuando e andando ad annidarsi in un punto della ragione in cui hanno una permanenza di pochi attimi. Sente solamente la voce aspra di Sandra che gli tuona nell'orecchio e ha solo voglia di darle una testata, o di schiacciarle quel neo per farle uscire tutta la parte sciocca che fluisce nelle sue vene. Ci si alza, si paga alla romana e ci si ritrova fuori: chi in piedi a fumare, chi a vomitare dentro qualche siepe, chi a cicalare cose insensate, mentre Giacomo da patito di film osserva da un angolo quelle persone che non ha mai sentito davvero vicine né emotivamente, né essenzialmente. Ciascuno si dirige poi verso il proprio mezzo di trasporto, dandosi appuntamento a casa di Sandra. Malgrado il caffè al limone e l'aria fresca della Roma trasteverina gli abbiano dato una scossa, Giacomo non è rinsavito del tutto ma riesce ancora a guidare. Sale in sella, indossa il casco e mentre col piede spinge sul pedale d'accensione gli arriva dalla porta della trattoria l'ammonimento del cameriere.

«Stai attento e non fare lo scemo, questa sera l'asfalto non ha bisogno di te».

Vigile alla strada, ma non a se stesso, Giacomo arriva in Piazzale del Verano e da lì prosegue verso Regina Elena, Regina Margherita e all'incrocio si dirige verso i Parioli. Nessuno della brigata si trova davanti o dietro a lui, e questo è un bene. Ripensa ad Arturo, a quel suo modo di sorridere, alla sua storia. Avrebbe preferito mille volte consumare la serata a parlare con lui nel cortile del ristorante, fumando sigarette, piuttosto che con quella compagnia di debosciati figli di papà.

«Vado verso individui che non mi appartengono e mi allontano da quelli che sento più affini a me, non posso sostenere a lungo questa condizione.»

Eppure in questa situazione c'è dentro fino al collo. La strada scorre veloce sotto le due ruote, e via dopo via, semaforo dopo semaforo, si ritrova dinanzi alla villa di Sandra. E' da solo, degli altri nessuna traccia.

«E adesso che faccio? Aspetto qua come un ebete?»

Ma invece di temporeggiare, obbedisce ad un istinto fulmineo e va in retromarcia.

Procede facendo un semicerchio indietro e uno in avanti e riparte lasciandosi alle spalle la villa della pretendente. Arrivato all'incrocio sprovvisto di lampione e anche di specchio, frena di getto. Sente un clacson che gli crepa il timpano in due, ed una monovolume che per poco non si spappola contro un muro di sei metri dando vita ad un nuovo *espressionismo astratto*.

«Ahò, ma che stai a fà? Per poco nun me trucidavo ar muro, pezzo d'encefalitico»

Giacomo col cuore in mano si leva il casco e si avvicina al finestrino. Dentro c'è Sandra, che lo guarda tra l'incazzata e il divertito.

«Ti sei fatta male?»

«Un po'... ma no, no dai. Nun me so fatta niente. Te pare che uno come te me può fà male?»

Giacomo fa finta di ridacchiare alla freddura. Poi chiede illuso:

«e gli altri? Hanno dato buca?»

«Che buca? Ma non li leggi i messaggi sur telefono?»

«No, è scarico.»

«Che sfigato che sei. Comunque, mi padre e mi madre tornano stanotte. Mio padre deve essere a studio domattina per una roba sua. E quindi niente festone, dobbiamo rimandare.»

«Ok, allora ti saluto.»

«Ma perché? Noi un paio d'ore ce le abbiamo. Non la vuoi vedé casa mia?»

Giacomo a questo punto dovrebbe rispondere che non la vuole vedere affatto casa sua e che se fosse possibile non vorrebbe vedere mai più nemmeno lei.

Invece, vuoi per la spossatezza, vuoi per i sensi di colpa, viene indotto in tentazione; abbassa la testa e la tallona come un cagnolino legnato. Dinanzi a loro si apre una cancellata molto grande in stile casa di *batman.* Sandra lo persuade in giardino sperando che i genitori arrivino il più tardi possibile così che possa portare a termine il suo scopo, lui invece prega i mille angeli del cielo affinché venga sbattuto fuori dagli stessi. Ma Giacomo non è nato con la camicia, anzi, tra un po' resterà anche senza. La villa si divide su due livelli, quello al piano terra dove vivono i genitori con i due fratelli minori e quello al primo piano, più piccolo, che è stato ristrutturato e consegnato a lei per i suoi 18 anni. Vi si accede dall'interno per mezzo di una scala padronale che sembra Piazza di Spagna o da una scala esterna sul prospetto corto, che dà sul prato all'inglese che a sua volta dà sulla piscina. Sandra, ovviamente, opta di farlo passare dall'interno per sfoderare la magnificenza stomachevole in cui vive, senza sapere che a Giacomo non stuzzica né penetrare in pertugi inesplorati, né salire e scendere scale altrui. Vorrebbe solo rientrare a casa e dormire nel suo grande e comodo letto, ma lei gli agguanta la mano e se lo trascina in cucina per prendere qualcosa da bere. Dinanzi al frigorifero aperto impulsivamente si copre gli occhi: tanti sono i contenitori e le bottiglie in vetro trattenuti all'interno che la luce si riflette a profusione, e la cucina si illumina come il bar di un *night club*. Non riesce a capire se il frigo è più alto, o più largo, o se il modello oltre ad essere all'americana nasconde un gruppo di *yankees* alcolizzati. Lei prende la vodka e la versa a entrambi, ma lui sfiora appena il bicchiere. Più lui si sottrae e più il desiderio di Sandra si fa impudente. Con uno slancio burbero lo trascina lungo il corridoio, poi in camera. In piedi accanto al letto si accende una sigaretta. Il fumo le avvolge il viso rendendo la situazione ancora più surreale.

«Avvicinate, Giacomì, che stai a fà là, che me pari uno stoccafisso».

Ma lui non ha il proposito né di bere, né di fumare, e soprattutto non ha la volontà di andare a letto con quella ninfomane, per cui simula un mal di pancia. Lei invece finge un caldo asfissiante e si toglie la camicetta; lui continua a simulare un'impellenza fisiologica e si dirige verso la porta, lei un tremito dovuto all'alcol e si lancia sul letto a gambe aperte come Jane in Tarzan; lui simula di averla già fatta e corre in bagno, lei invece si innervosisce e si ricopre. Mentre va alla ricerca del bagno l'unica cosa di cui è sicuro è che dinanzi a quelle tette cascanti anche lui stesso sarebbe rimasto tale e dormiente in eterno e che Sandra con tutta la sua buona volontà non sarebbe stata in grado di cambiare le cose nemmeno se si fosse messa a testa in giù rendendo il suo petto più appetibile.

«Devo rinnovare la mia esistenza - non devo bazzicare con questi tizi - non voglio accoppiarmi con Sandra - non voglio fingere di essere ciò che non sono - voglio uscire da questa casa - voglio svegliarmi domattina nel mio letto e la mia poltrona - voglio, voglio, voglio».

A poco a poco si ricompone e si decide a tornare in camera.

«Le spiegherò che stasera non faremo niente, che ci saluteremo e amici come prima, andrò via senza far rumore. Ma se solo ricomincia a fare la Lolita dè Roma farò un putiferio che mi sentiranno anche sulla Nomentana».

Ma quando rientra in camera, sgama Sandra dormire a pancia in giù con la testa girata su un lato, senza camicetta, la gonna aperta e qualche ciuffo di capelli sudati sul viso. La copre silenziosamente col lenzuolo e scivola via. Per questa sera è salvo.

4.

C'era un sogno angoscioso che Giacomo faceva frequentemente da bambino. In qualcheduno si trovava anche su una chiatta in mezzo al mare, da solo. La zattera era strapiena di giocattoli di ogni genere e dimensione. Poi d'un tratto dall'orizzonte ne sbucava un'altra, colma dei suoi stessi giochi, su di essa c'era un bambino pressappoco della sua età, con lo stesso suo abbigliamento. Il piccolo Giacomo si sforzava di vederne il volto, ma il sole che aveva sparato in fronte gli offuscava la vista.

«Ehi Giacomo, Giacomo!»

Giacomo si svegliò di soprassalto.

«A tavola! E' ora di mangiare».

La tavola a partire dalla primavera fino all'inizio dell'autunno veniva ammannita sul poggiolo del primo piano, da dove si potevano contemplare le navi che solcavano il mare. I familiari iniziarono ad avvicinarsi. La sorella zitella della madre, zia Vittoria, aiutava ad imbandire, la Nonna Luisa e il Nonno Carlo si trovavano invece già seduti. Zio Fulvio, fratello della madre e pescatore per voluttà, era arrivato al suo solito, portando come dono qualche sardella e un paio di orate. Il padre invece, che era notaio, pranzava con i colleghi dello studio e rientrava direttamente dopo le cinque del pomeriggio o per l'ora di cena. La madre aveva lasciato l'impiego di insegnante per occuparsi di Giacomo e ad eventuali altri figli che però non erano mai arrivati. Dopo l'ultimo aborto, il più tragico, aveva smesso definitivamente di tentare. L'atmosfera a tavola era per Giacomo un momento di profonda felicità; tutte le persone a lui più care, a parte il padre che non c'era quasi mai, si trovavano lì nello stesso istante e nello stesso luogo. Osservava la madre così intenta a preparare in modo impeccabile tutte le pietanze mentre corrucciava la fronte, o si soffiava qualche capello che le era andato sul naso. Giacomo notò qualche piccolo segno dell'avanzare del tempo, ma non gli diede peso. La zia, invece, dieci anni più anziana della madre, sembrava di dieci anni più giovane; non aveva avuto figli e la sua pelle non vedeva il sole da quando era ventenne. I nonni vivevano il corso del tempo con molta fatuità e torpore; facevano tutto con placidità e quando parlavano lo facevano con una tale flemma che se in genere ci s'impiegava cinque minuti ad esprimere un pensiero, loro lo compivano in dieci.

Accanto a Giacomo si sedeva sempre lo zio Fulvio, che lo stesso lo chiamava Fulvietto. Era il suo preferito e quando poteva trascorreva molto tempo con lui. Fulvio era insegnante di educazione fisica, ma la sua vera predilezione era la pesca. Proprio per questo non aveva mai voluto la titolarità della disciplina, per non avere obblighi, ed ogni anno, quando gli veniva confermata la destinazione si spostava di scuola in scuola. Giacomo da lui acquisì molte nozioni e se stava diventando un ometto lo doveva più che altro allo zio che al padre. Durante quel pranzo, Giacomo si mostrò talmente famelico che la madre in pena gli chiese se andava tutto bene. Con la bocca ancora piena di cibo, rispose di si e aggiunse che quando lei preparava alcuni piatti particolari non riusciva a pensare ad altro se non a quello di inghiottire celermente più roba da mangiare possibile.

Quel pomeriggio Giacomo decise di non fare la pennichella pomeridiana come gli altri o come spesso capitava anche a lui, ma di andare insieme allo zio a fare alcune commissioni e a far visita ad alcuni amici in piazza. Salirono in macchina e presero la strada verso il centro del paese. Lungo quella ripida discesa Giacomo osservò le decine e decine di piante di oleandro e fichi d'india inebriandosi dell'odore che rilasciavano nell'atmosfera. A volte Giacomo pensava che non sarebbe mai riuscito ad allontanarsi da quei luoghi, da quei colori quasi arabeggianti che andavano dal giallo arancio al rosso granato e da quegli odori così speziati che sapevano solo di natura, casa e pascolo, come quello che incontrarono lungo la strada. Tante pecore che belavano e musicavano con i loro sonagli al collo.

Lasciarono passare il gregge e parcheggiarono in una piccola piazza, tra un chiosco che vendeva gelato fresco e un grosso pino. Sotto quell'albero, molte volte Giacomo si era seduto con la madre andando al mare a piedi, mentre lei raccontava storie dei luoghi che avrebbe voluto visitare e che conosceva solo per via dei libri di scuola.

Cominciava il racconto, esultando così:

«luoghi dove la passione assume un sapore totalmente diverso»

e finiva ribadendogli:

«ma tu ancora non puoi capire, sei troppo piccino per queste storie.»

Anche loro presero un gelato e si misero comodi su un panchetto. La piccola piazza era in ombra e la frescura aveva tirato a sé molta gente. Lo zio lasciò Giacomo a trastullarsi sotto la custodia di alcuni conoscenti mentre portava a termine le sue faccende. Dal belvedere, Giacomo vide una piccola imbarcazione carica di viaggiatori. I colori svolazzanti dei fazzoletti delle signore sembravano iridi venuti giù come nelle montagne russe, con questi cappelli di paglia così scomposti; i loro uomini, invece, sembravano tutti dei fantocci in attesa di essere trasportati via. A Giacomo quella scena piacque molto perché gli aveva rievocato i tanti eroi delle novelle raccontate dalla madre.

Prima che potesse stufarsi lo zio era già di rientro carico di fagotti e con un'enorme tascapane di granturco. Il momento del frumentone al fuoco sul poggiolo era un'altra di quelle occasioni in cui Giacomo si scuoteva al solo pensiero. Quello era un altro di quegli episodi in cui si mangiava tutti assieme la sera ma, in quel caso, con la presenza anche del padre. Ci si sistemava in questo modo: gli adulti col bicchiere di vino a portata di mano e lui, con una brocca di limonata fresca con tanto zucchero dinanzi alla portata.

Dopo aver accolto lo zio con un grande abbraccio si diressero verso l'adunata dove c'erano gli amici. Il bar si trovava nella piazza più grande del paese ed era quella che stava nel rione in cima. Aveva una forma rettangolare e tre dei quattro lati erano delimitati da palazzi storici e da un campanile che segnava il trascorrere delle ore. Il chiosco posto all'estremità della piazza aveva il forno a legna per le pizze, una sala di media grandezza all'interno ed una fuori che in base ai frequentatori presenti, poteva assumere superficie diversa. A quell'ora la maggior parte dei giovani era al mare, per cui incontrarono solo uomini di media età o anziani. Tutti molto esperti di carte si divisero in gruppi da quattro e si sfidarono con a seguito un mucchio di altri sostenitori intorno ai tavoli che osservavano la giocata. Lo zio si sedette in uno dei posti vacanti e dopo diverse strette di mano iniziò il tutto. Quello era il classico torneo di carte che ogni anno veniva organizzato sia per intrattenere i paesani e i visitatori e sia per incrementare il guadagno del bar: per cui il vincitore veniva premiato con un dono simbolico. ma niente di così esoso.

Venne il momento di rientrare. Giacomo aveva premura di essere a casa per quell'ora perché sperava di avere un po' di tempo da trascorrere col padre prima di andare a letto.

Fece in tempo ad entrare nell'abitazione che lo sentì strombazzare dalla sua macchina per annunciare che era arrivato. Corse fuori ad aprirgli il cancello e gli andò incontro stringendolo, ma l'uomo lo accolse distrattamente, gli diede una strapazzata ai capelli e si diresse verso il piano di sopra. Giacomo lo osservò salire e sparire gradino dopo gradino risucchiato dalla tromba delle scale. Solo qualche anno più tardi imparò a fregarsene della freddezza del padre e a condurre le proprie emozioni verso la collera.

5.

La mattina seguente, Gaya e Giacomo si risvegliano sul Lungotevere tra gli ultimi nottambuli e i primi runner eroici dell'alba.

«Gaya mettiti a posto i capelli, non vedi che hai spaventato il tizio?»

«Io eh? Ma non ti è venuto in mente che magari si è spaventato perché ha visto te?»

E d'un tratto erano scoppiati entrambi a ridere fino alle lacrime. Lui aveva la faccia segnata dai fili di erba, la maglia macchiata di schizzi di vino e la patta dei pantaloni aperta perché durante la notte senza più ricordarselo si era alzato per urinare. Lei invece, aveva i capelli come la strega dei boschi, sparati in aria con rametti che anziché farle da fermaglio fungevano da addobbi natalizi; le labbra sembravano riprese da un quadro di *Andy Warhol* per metà rosse e per metà verdi. Ma la cosa più incredibile erano le scarpe, le aveva infilate al contrario, il piede destro nella sinistra e viceversa, e non riusciva a capire né come né quando, visto che dal tavolo si erano collassati sull'erba e lei non si era mai più mossa durante la notte.

«Le avrò scambiate prima di alzarmi dal tavolo...è un miracolo che sia riuscita ad arrivare fin qui senza cadere in acqua.»

«Pensavo che le ragazze spagnole fossero abituate a questo tipo di cose»

«questo tipo di cose in che senso? Io al massimo ho dormito a casa di amici, e anche se, lo confesso, non sempre sapevo come ci ero arrivata, giuro che non mi era mai capitato di dormire per strada.»

«Con me è la prima volta, allora?»

«Sì è la prima volta, sei contento? Però adesso alziamoci perché mi sa che è molto tardi.»

Era tardi davvero, e Gaya sul cellulare non aveva messaggi dell'amica, per cui aveva deciso di chiamare lei stessa. Al termine della telefonata, vedendola preoccupata, Giacomo le aveva chiesto spiegazioni.

«La mia amica ieri non mi ha visto tornare e ha pensato bene di andare in aeroporto da sola. Le mie cose sono in albergo, devo recuperarle se voglio partire oggi.»

In fretta e furia si erano ricomposti sotto l'occhio vigile dei passanti e si erano avviati verso la strada per recuperare lo scooter.

L'albergo era dalle parti di Castro Pretorio, vicino alla Città Universitaria. Un errore prenderlo lì, visto che la facoltà di architettura si trovava nel quartiere Monti, ma che potevano saperne le due ragazze? Dopo la lunga traversata da un capo all'altro della città erano finalmente arrivati in albergo e dopo aver ficcato alla rinfusa tutta la roba nella valigia erano scesi per fare il *checkout*. Il portiere, molto gentile, aveva chiamato loro un taxi e mentre terminavano col pagamento aveva suggerito di prendere il treno per Fiumicino. Le possibilità di farcela non erano così alte, ma forse con quel mezzo di trasporto ce ne sarebbe stata qualcuna in più. Di corsa si erano fatti accompagnare alla stazione Tiburtina dal tassista per prendere il treno in direzione Fiumicino, ma una volta arrivati avevano avuto la triste notizia che il treno era appena passato, e il prossimo non sarebbe arrivato prima di quattordici minuti.

La probabilità di aver perso l'aereo continuava ad essere molto alta. Ci sarebbero stati circa quarantacinque minuti di strada da percorrere.

«Gaya, vorrei parlare di quello che è successo ieri sera. Io...»

«Giacomo non dire niente. Tu mi piaci ma ho troppe cose per la testa, e adesso la mia unica preoccupazione è quella di riuscire a salire su quel maledetto aereo...»

Alla ragazza piaceva Giacomo, e anche molto. Una serata del genere non se la ricordava da tanto, ma era spaventata perché perdere il volo sarebbe significato dover restare in una città che praticamente non conosceva e con un ragazzo che a parte il nome e altri particolari che lui le aveva riferito, era per lei un perfetto estraneo.

«La faccia da stronzo ce l'ha, e se fosse veramente una canaglia?»

Il treno continuava a correre all'impazzata e una volta arrivati alla stazione di Villa Bonelli erano saliti così tanti passeggeri che non c'era posto nemmeno nei corridoi; e quelli liberi di fronte a loro si erano subito occupati, per cui era venuta meno anche la tranquillità di parlare indisturbati. I due signori dinanzi a loro li fissavano. Non era poi così strano. Malgrado l'aspetto sconvolto di quella mattina, Gaya era veramente bella. Alta all'incirca un metro e settanta, capelli scuri e ondulati, occhi colore verde-celeste, una bocca che sembrava disegnata a matita e un fondoschiena che quando camminava faceva cin cin. Ma il vero motivo per cui questi tizi la fissavano con tanta curiosità era un altro. Anche loro spagnoli, ma di Madrid e nella confusione avevano colto qualche briciola di conversazione mentre discuteva al telefono con l'amica dall'aeroporto. Anche loro dentro di sè si stavano chiedendo che scelta avrebbe fatto. Nonostante il treno avesse subìto un piccolo ritardo per la metà del viaggio, lentamente lo stava recuperando fino ad arrivare alla fermata di Fiumicino Aeroporto in perfetto orario. La voce dall'altoparlante sollecitava i passeggeri del volo AZ78 per Barcellona a presentarsi al gate, perché l'imbarco si sarebbe chiuso da lì a cinque minuti.

Si erano messi a correre come pazzi ma a metà del lungo corridoio Gaya si era fermata di botto, si era girata verso Giacomo e gli aveva detto.

«Ci ho ripensato!»

Così, prima di cambiare idea aveva chiamato l'amica e dopo un'accalorata discussione al telefono si era accasciata su una panchina.

Giacomo allora le si era accostato incredulo e lei, abbracciandolo e guardandolo dritto negli occhi gli aveva detto:

«Spero di non pentirmene stronzetto».

Erano rimasti così ancora per un tempo infinito, stralunati e confusi da quello che stava succedendo senza avere la benché minima idea di cosa fosse e di come potessero gestirlo. Giacomo sentiva che qualcosa dentro di sé si era mutata durante la notte lungo il Tevere, mentre Gaya, se ne era resa conto solo lì, in quell'aeroporto estraneo fatto di persone che scappavano e si incontravano continuamente.

Il volo Roma Fiumicino diretto a Barcellona El Prat era decollato, con la sua amica incazzata nera seduta accanto a un posto vuoto. *E adesso doveva affrontare la madre.* Appena si era ripresa dallo scossone aveva afferrato il telefono in mano e componendo il prefisso internazionale aveva digitato il numero di Michela Brunelli, italiana di origine ma soprattutto romana di Trastevere; andata via molti anni prima da Roma per inseguire un amore conosciuto in vacanza. Un po' come lei, insomma, e forse proprio per questo incapace di accettarlo.

«Gaya adesso tu prendi il primo volo per Barcellona e torni subito a casa, capito?!»

Dopo vari tentativi, dall'aeroporto stesso tramite un collegamento wifi, erano riusciti a prenotare un volo pseudo-economico per due giorni dopo. Giacomo era al settimo cielo mentre Gaya era sì felice, ma spaventata a morte da quello che le sarebbe successo una volta rientrata a Barcellona. Lei era molto simile al padre sia fisicamente che caratterialmente ma da sempre aveva un pessimo rapporto con la madre, che secondo lei era una becera malfidata che dalla capitale italiana era arrivata a Barcellona e in quattro e quattro otto, aveva messo ko tutta la sacra famiglia degli Alvarez e in questo medesimo modo pensava di fare con la figlia. Una volta conclusa la conversazione con la madre erano rientrati verso Roma e prima di salire a casa si erano fermati dall'egiziano in fondo alla strada per ordinare qualche trancio di pizza e delle bevande fresche. Sarà stata la stanchezza o la digestione in circolo, sta di fatto che appena avevano finito di cenare si erano addormentati come due fantolini. In quei giorni Giacomo si trovava da solo perché la coinquilina con cui divideva l'appartamento era rientrata momentaneamente dai genitori. La mattina successiva nonostante le stanze fossero silenziose, si era svegliato prima di lei e senza fare troppo rumore era passato in cucina per preparare la colazione. Con Gaya sarebbe andato sicuro in fatto di cucina perché era un'appassionata di tutto quello che l'erudizione italiana rappresentava, cibo, storia, cultura. L'unica cosa di buono che forse la madre aveva fatto nella vita della figlia, era stata quella di non allontanarla dalle sue origini. Quindi molto spesso a Barcellona mangiavano, per così dire, all'italiana.

Preso da questa specie di garanzia aveva preparato dei biscotti integrali con su della marmellata e burro, fette biscottate asciutte da immergere nel the o nel latte e una brocca di spremuta di arancia, preparata poco prima. L'odore del caffè in ebollizione era volato dalla cucina passando attraverso la serratura ed era arrivato direttamente in camera destandola. Gaya aveva schiuso gli occhi e senza rendersene conto le era scesa una lacrima adagiandosi sul cuscino. Per la prima volta si sentiva appartenere ad un luogo, così lontano da Barcellona, come non lo aveva mai avvertito neppure tra le sue abitudini. Mentre cercava di celare il corrugamento della fronte e mettendosi seduta sul letto reclamava l'attenzione di Giacomo. In pochi secondi apre la porta e le da il buongiorno lambendola sulla fronte e carezzandola sulla guancia.

«Dai, vieni di là che ho preparato la colazione»

«Si, si, faccio pipì e arrivo, tu intanto aspettami lì».

Quando Gaya, dopo poco, era arrivata in cucina aveva riconosciuto un'immagine quasi fiabesca; il sole che stillava riflettendosi sulle piastrelle di ceramica e il tavolo apparecchiato sul poggiolo con due sedie ed una tovaglia a fiori ben ordinata. E tutto contornato da una presenza insperata; Giacomo era lì seduto ad aspettarla come un principe che aspettava la sua nobildonna. Appena finita la colazione si era proposto di darle precedenza per utilizzare il bagno e lavarsi, ma lei guardandolo fissamente negli occhi e con le gote arrossate gli aveva risposto che sarebbe andata dopo di lui. Cedevole si era spostato in bagno ad aspettarla; ma aveva così il cuore in fiamme che gli sembrava di non provare nessuno stimolo sessuale. Lei, invece, dopo aver trafficato in camera e nella sua borsa, lo aveva raggiunto ed era stata la prima a levarsi i vestiti rimanendo in reggiseno e mutandine. Lui non sapeva ancora che fare; era troppo forte l'emozione. Quindi facendosi più coraggiosa lo aveva abbracciato avvicinandolo a sé. Uno dinanzi all'altro. Si guardavano senza dialogare, si baciavano caldamente senza dirsi parole e dopo qualche adulazione ed effusioni si erano ritrovati entrambi nudi. Solo qualche ora più tardi, dopo aver fatto l'amore per ben due volte e fatto anche una doccia erano usciti dal bagno.

Il pranzo era saltato, ma ancora la giornata era tutta dinanzi a loro. Mancavano circa ventiquattro ore alla partenza, per cui dovevano sfruttare il tempo fino all'ultimo secondo. Giacomo aveva proposto di portare il pranzo a sacco e di andare sulla costa a vedere il mare, lei elettrizzata aveva subito acconsentito ed era stato così che dopo qualche minuto erano partiti a razzo sullo scooter. Anche al mare il pomeriggio per loro era stato molto intenso, specialmente per il fatto che in spiaggia non c'era nessuno, completamente deserta. Così ne avevano approfittato per consumare il cibo e fare nuovamente l'amore in solitario. In seguito a questi momenti di intimità i loro corpi si erano così uniti in un'unica sensazione d'amore che ognuno di loro portava l'odore dell'altro, ed era quello il turbamento con cui si erano addormentati e risvegliati appena aveva iniziato a fare buio. Quando Gaya si era svegliata Giacomo era già a testa in su e guardava il cielo in modo così tumultuoso che sembrava fosse da solo, in un mondo dove non era possibile accedere. Era bastato qualche bacio per rinsavirlo, ma lei incuriosita aveva iniziato a fargli mille domande alle quali lui non voleva reagire, deviando il discorso e dicendo che stava solamente pensando alla sua partenza.

«Non bisogna demoralizzarsi Giacomo, dai alziamoci e fammi conoscere questa splendida città».

Giacomo preso da un giubilo inaspettato aveva recuperato Gaya tirandola per la mano e l'aveva condotta allo scooter e una volta in sella le aveva detto di tenersi stretta, dopodiché era partito come un cavallerizzo verso Roma. Era completamente inebriata da quello che stava vedendo e nel suo cuore avrebbe voluto che quel momento non finisse mai.

«Sai dove ti porto? In un posto fatato, dove tu rimarrai veramente a bocca aperta, ma prima di arrivare preparati che ti farò scarpinare un bel po'»

Erano arrivati su Viale Ostiense e avevano girato sul Ponte di Ferro, poi, una volta superato il collegamento, all'incrocio di Viale Marconi avevano svoltato verso destra e parcheggiato dinanzi al piazzale della stazione di Trastevere. Da qui avevano preso un tram ed erano scesi nei pressi del palazzo della pubblica istruzione.

«Ma dove mi stai portando? Io non voglio le indicazioni stradali come se mi trovassi in un'agenzia di viaggi, per me un posto vale l'altro, l'importante è stare assieme. Ma non perdiamo tutto questo tempo tra stradine, stradoni, vie, incroci, scale e scalette».

L'aveva ignorata perché il posto dove la stava portando gli avrebbe evitato di dare tutte quelle risposte. Dopo un quarto d'ora di gradini sconnessi lui le aveva bisbigliato di chiudere gli occhi e di seguirlo dandogli solo il braccio per non cadere. Qualche istante e lui le si era messo dietro ed aveva poggiato sugli occhi le proprie mani e ad un certo punto

«Sei pronta? Ti va di vedere Roma con gli occhi di un innamorato?»

Lei, a quelle parole, era rimasta disorientata.

«Oh Giacomo, se fai così, io muoio ancora prima di aprire gli occhi, eh...»

In quel momento Giacomo le aveva levato le mani dagli occhi e lei con un piccolo tonfo al cuore, era partita in un pianto di lacrime silenziose e quasi impercettibili. I suoi occhi avevano assunto i mille colori che Roma dal Gianicolo poteva dare, non erano più solo verde-celeste ma di tutte le tonalità che in natura si possono incontrare: rossi come l'incendio, verdi come la speranza, blu come il firmamento, gialli come il sole. Giacomo era in silenzio, nemmeno una parola perché voleva che Gaya assaporasse il momento nella sua intimità, sola con se stessa.

«Questo momento non lo voglio nemmeno fotografare, questa volta tutto deve restare custodito nella mia memoria e nessuno ne dovrà fare parte, solo io con me stessa e i miei ricordi...»

Gaya lo aveva tirato verso di sé e gli aveva stampato un bacio sulla bocca per ringraziarlo, dopodiché erano scesi verso la città e lui l'aveva portata a mangiare in un piccolo ristorante proprio davanti al Pantheon per poi chiudere in bellezza con una passeggiata lungo i Fori Imperiali. Era molto pensierosa e non riusciva a stare serena perché si sentiva come se avesse avuto un groppo nella gola per tutta la serata, continuava a passeggiare ma la sua testa era altrove. Giacomo continuava a sdrammatizzare ma non c'era niente da fare, sentiva che stava per accadere qualcosa. Questo qualcosa era arrivato poco dopo. A due passi dal Colosseo, dopo averlo guardato negli occhi, era scoppiata nuovamente in lacrime e si era messa a correre verso l'Arco di Costantino accasciandosi in terra. A quel punto si era spaventato e le era corso dietro bloccandola alle spalle e girandola verso di lui.

«Ma che hai, cosa ti è successo, mi stai facendo veramente preoccupare e non è il caso visto che ci conosciamo da poche ore e non saprei come aiutarti. Mi dici gentilmente cosa ti prende? Se non te la senti più, troviamo subito un albergo e ti accompagno».

«La vuoi smettere di blaterare cose insensate? La verità è un'altra e non ha a che fare con la paura di quello che sta capitando o di te e neanche con una probabile malattia che mi sta colpendo in questo momento. Vuoi sapere cosa ho?! Ho semplicemente voglia di baciarti, qui dinanzi al Colosseo e dirti che mi sono perdutamente innamorata di te senza sentirmi ridicola visto che sono trascorsi solo due giorni».

Giacomo era confuso e spiazzato da quell'affermazione, ma non tanto sorpreso, perché anche a lui era successa la stessa cosa e forse prima di lei, solo che lui per carattere teneva tutto dentro, non riusciva a esprimere a nessuno i suoi sentimenti, tranne che da piccolo con sua madre, ma oramai era passato tanto tempo. Era riuscito solo ad abbracciarla e le aveva detto che da quel momento in poi non sarebbe stata da sola, le decisioni le avrebbero prese in due. Una volta calmati gli animi avevano deciso di arrivare fino a casa a piedi, così avrebbero avuto modo di chiacchierare e decidere come affrontare la loro nuova situazione.

6.

Dopo varie vicissitudini Giacomo riesce ad andare via dall'abitazione di Sandra e ad arrivare a casa sua sano e salvo. E dopo una doccia rapida e bollente si scaraventa nel letto, accolto dal fresco delle lenzuola. Rannicchiato su un lato, con un cuscino sotto la testa e l'altro tra le gambe, non può fare a meno di pensare alla sua vita. Elenca le cose che vanno bene e quelle che non vanno, inserendole in due liste immaginarie come si faceva da piccoli alle elementari quando si disegnava una riga verticale su un foglio e si scrivevano a destra i compagni cattivi e a sinistra quelli buoni. La sua lista però adesso pende decisamente sul lato destro. Allora accende la televisione, cosa che non fa da secoli perché il disgusto nei confronti di qualsiasi discussione politica, economica e sociale ha toccato i massimi limiti. Nel suo tempo libero di solito guarda film in streaming, soprattutto thriller e commedie francesi o spagnole; le trova di un sarcasmo quasi impudente. Oppure legge. Anche se la lettura, per lui, più che un passatempo è una vera e propria ossessione. Se si appassiona ad un autore deve necessariamente leggere tutti i libri che ha scritto uno di seguito all'altro. Per non parlare poi della sua smania di scrivere a penna il significato dei termini che non conosce in margine ad ogni pagina. Giacomo guarda i suoi libri, disposti sugli scaffali della libreria in rigoroso ordine alfabetico. Dal di fuori sembrano nuovi, mai letti. Ma quando poi si sfogliano ci si trovano tutti i suoi appunti.

Mentre la televisione ciarla a vuoto si alza e si avvicina allo scaffale. Con le dita scorre il dorso dei romanzi che più ha amato: Izzo, Marìas, Mutis. Questo glielo ha regalato Gaya. Lo prende, cerca gli appunti presi sulle parole in spagnolo e allora la trova: la fotografia scattata il primo giorno, quando ancora poteva considerarsi un ragazzo per bene.

L'assenza di Gaya lo avvolge come un manto soffocante, che gli toglie il fiato. Si avvicina lentamente al telefono e compone il numero, a quest'ora in casa Alvarez sono svegli, ne è sicuro.

«Come ti permetti di chiamare qui dopo quello che hai fatto a mia figlia?! Ti ho già detto di spedire la sua roba e di non farti più né sentire, né vedere…!»

La reazione è immediata.

«Senti Michela, se continui ad attaccarmi così al telefono ti faccio scoprire un Giacomo che ancora non conosci, per cui levati dalle scatole e passami tua figlia. Tu non capisci niente di me e niente comprenderai e sappi, che le persone come te io le ho sempre scostate…!»

Dall'altro lato della cornetta Giacomo sente un rospo che passa prima attraverso la trachea e lungo l'esofago, per poi essere risucchiato dai suoi stessi succhi gastrici all'interno dello stomaco. Continua a sentire silenzio, dopodiché la voce di Gaya echeggia dentro il suo petto. Adesso si sentono solo dei tacchi e Giacomo presume sia lei nel salire le scale per andare in camera sua; qualche secondo di silenzio e poi finalmente la sua voce.

«Ciao»

«ciao»

«Ascolta Giacomo. Prima che tu mi dica qualsiasi cosa vorrei avere l'opportunità di asserire sinceramente senza avere la paura di essere equivocata o investita dalle tue spiegazioni.»

«Va bene»

«Giacomo lo sai, io ti ho amato con tutta me stessa e forse ti amo ancora, anzi senza forse. I momenti che ho trascorso con te, le emozioni che ho provato standoti accanto non le avevo mai provate prima e forse non le proverò più. Ma tu mi hai trascinata in una storia che mi stava portando alla costernazione. Le tue reazioni così odiose, il tuo modo di autodistruggerti e quei lunghi periodi di stoicismo nei miei riguardi mi stavano uccidendo. Io ti ho dato tutto, ho lasciato tutto per te; i miei sogni, la mia famiglia, i miei amici e soprattutto la mia terra. Ma con te, tutto è stato sterile. Quella sera io ero a pezzi e continuavo ad implorarti di cambiare idea e darci l'ennesima possibilità, ma oggi a distanza di tempo e con tutto quello che ho passato vorrei solo ringraziarti per aver deciso tu al posto mio. Ho un buco nel cuore che mi sta rovinando l'esistenza, ma mi sento molto più serena e fiduciosa

che io possa ancora essere felice, forse prima o poi... scusa, ho parlato tanto, forse troppo. Parla tu, ora...»

Ma Giacomo non dice niente. Non ha parole per spiegare il senso di abbandono che sente e nonostante abbia da dirle mille cose, le uniche frasi compiute che riesce a pronunciare sono quelle che riguardano l'organizzazione per il trasporto dei pacchi da Roma a Barcellona.

«Se ci dovessero essere problemi, fammelo sapere chiamo subito il corriere. Mi dispiace Gaya e vorrei veramente che tu un giorno potessi capirmi e perdonarmi, addio».

Giacomo mette giù il telefono, poi come una marionetta va in cucina e afferra dal frigo la bottiglia gelata e la appoggia sulla fronte e sulle tempie per cercare sollievo. Poi inizia a piangere sconsolatamente, con i pugni stretti contro il petto e lo sguardo verso il soffitto. Per domare il dolore stringe così forte la mandibola che i denti strisciando gli tagliano anche il labbro inferiore. Madido di sudore e con le vene sulla fronte in rilievo cerca di calmarsi, si mette seduto e beve a grandi sorsi l'acqua gelida della bottiglia.

Gli ci vuole quasi un'ora per ricominciare a respirare di nuovo in modo normale. Momenti come questi li ha già vissuti in passato. Ora sa che per l'ennesima volta deve riprendere in mano la sua vita e continuare quello che aveva iniziato. Quasi ciondolando si alza e va a darsi una sciacquata in bagno, cambia la t-shirt e si rimette al lavoro. L'appartamento, ma specialmente la camera, ha bisogno di una dirozzata a fondo. Ha molte cose da rimettere in ordine e molte altre da buttare perché oggi deve fare una cosa molto importante. Via gli alcolici, via la roba che non serve dal frigo e dalla dispensa; via le sigarette dalla scrivania e via i pacchetti vuoti in fila con i quali ha creato una muraglia cinese sull'armadio; via magliette e lenzuola bucate dalle cicche durante le notti brave e via i bicchierini per gli shortini; via tutto; via tutto quello che ha fatto parte di un Giacomo che non deve più esistere. Riesce a riempire due sacchetti neri dell'immondizia, dare una ripulita in generale e ritrovare cose che aveva messo da parte, tipo l'attestato di laurea in architettura, alcune sue fotografie da bambino e adolescente assieme ad alcuni amici del paese e ai familiari.

La nostalgia di casa lo coglie di sorpresa.

Sono trascorsi dieci anni da quando ha lasciato il paese e i suoi genitori. Dieci anni dalla sera maledetta del suo diciottesimo compleanno. Ha ancora negli occhi e nelle orecchie la musica della serata, le candele nel giardino, le risate allegre degli amici, ma il ricordo si distorce e si mescola con la voce tremante di sua madre mentre gli rivela quello che non avrebbe mai voluto udire. In questi dieci anni il suo unico scopo è stato quello di castigarsi e farsi del male rovinando anche la vita alle persone che aveva vicino. Per tutto il tempo ha covato un'animosità sorda verso tutti, specialmente nei confronti dei suoi genitori. Li ha disdegnati per quello che hanno fatto e ha odiato se stesso per non essere stato in grado di capire e agire. Solo adesso si rende conto che tutto questo risentimento si sta ripercuotendo sulla sua vita; non è più in grado di distinguere chi lo ama da chi gli fa del male. Anche Gaya l'ha odiata senza un vero motivo, solo perché lei era una persona solare, equilibrata e sapeva quello che voleva sia da se stessa che dal loro rapporto. Tutto l'opposto di lui che nonostante i sacrifici fatti si ritrova punto e a capo con un passato triste ed un presente ancora più malinconico. L'unica cosa di buono che è riuscito a fare è stato proprio laurearsi ma per questo deve ringraziare soprattutto zio Fulvio che lo ha caldeggiato tutti i giorni della sua vita, forse anche più di suo padre. Se fosse possibile risolvere tutto, dissolvere tutto, cacciare via i fantasmi del passato, graziare i suoi genitori e se stesso lo farebbe; ma non è facile dopo tanti anni prendere il telefono e far finta di niente. Tra di loro pesa quell'assenza incolmabile. Facile sarebbe piangere un lutto, una morte, ma quell'incertezza di non sapere se la persona che si è persa esiste ancora, non è possibile. E' un macigno.

Il telefono di là squilla ma Giacomo non si alza, è uno dei ragazzi del gruppo dello sballo e lui con lo sballamento ha chiuso.

Si siede sul poggiolo, leva le pianelle e si rannicchia sulla sedia di vimini ammirando Roma dall'ottavo piano di Viale Marconi. Sarebbe più facile comprare un pacchetto di sigarette, fumarsene una dietro l'altra, cambiarsi ed uscire con quei quattro debosciati. Ma questa sera la brezza che passa tra i suoi capelli ha un colore bianco panna e odora di giglio. Per un attimo si illude di appartenere a un mondo fatto di verità, di far parte del respiro di un corpo non suo.

Poi lo prende una smania di fare. Lo studio di architettura con cui collabora gli ha chiesto un lavoro urgente. Si fa una bruschetta con pomodoro e origano, un caffè e si mette al pc. Durante l'università non riusciva a capire come alcuni dei suoi colleghi fossero capaci di preparare gli esami studiando di notte, ora, invece, lo capisce perfettamente. Nell'oscurità nessuno lo può disturbare. Niente telefono, niente televisione, niente musica dei vicini e niente citofono, tutto nel più totale silenzio ed è in questa silenziosità che Giacomo trascorre un'altra notte senza Gaya.

7.

Dopo essersi detti tutto dinanzi al Colosseo, Giacomo e Gaya erano arrivati a casa stanchi fisicamente, ma con l'animo purificato. Lei si era tolta le scarpe in ascensore e dopo che lui aveva aperto la porta erano entrati senza parlarsi; ognuno di essi stava mettendo in rassegna le proprie congetture. Poi Gaya era uscita dalla cucina con due bicchieri di limonata fresca. Giacomo nel prenderne una le aveva sussurrato che anche da stanca era bellissima. Quel ghigno di sofferenza impacciata la rendevano ancora più interessante e inevitabilmente spagnola al punto che l'avrebbe ricoperta di attenzioni ovunque. Lasciato il bicchiere sul bordo del tavolo, si era diretta verso la camera da letto, e lentamente aveva iniziato a levarsi gli indumenti uno dopo l'altro. Giacomo, nel frattempo l'aveva raggiunta, circondandola con tutto il corpo. Lentamente si erano lasciati cadere sul letto, lei rannicchiata in avanti come un feto nella pancia della madre, lui incastrato dietro alle sue gambe come un pezzo mancante di un puzzle. Quella notte lei aveva proposto un gioco: si sarebbero dovuti accarezzare alternandosi per dieci minuti a testa. E visto che il ruolo di piacere sarebbe stato di colui che subiva, ognuno di loro cercava di restare sveglio il più possibile. Erano andati avanti per molto tempo durante la notte in quello stato di puro abbandono. Alternavano progetti, pianti e risate, ma con l'ansia che il momento della partenza sarebbe comunque arrivato a poche ore da lì. Ad un certo punto, esausti, si erano assopiti. Ma Giacomo, come spesso capitava, era stato tormentato da uno dei suoi sogni angosciosi.

Si trovava sulla spiaggia del suo paese natio assieme ai molti turisti pronti per essere imbarcati su una crociera e lui era ritornato bambino. Nella confusione dei passeggeri, gli sembrava di intravedere il solito bambino, ma non ne era sicuro perché il suo viso gli appariva nebuloso. Nella fiumana di corpi Giacomo era riuscito a scovarlo e a seguirlo, unica macchia di colore in un mare di abiti neri e tutti uguali; ma mentre cercava di attraversare il muro di folla lo aveva nuovamente perso. Ad un certo punto Giacomo si era trovato direttamente dietro di lui ma non aveva fatto in tempo a toccarlo in modo che il bambino si potesse girare che questo si era lasciato cadere in mare lasciandogli un bigliettino volante con scritto: *trovami.*

Giacomo si era svegliato col cuore in gola, e senza farsi vedere da Gaya si era spostato sulla poltrona. Lo faceva speso perché per qualche strana ragione sulla comoda seduta non aveva incubi e superava la notte senza essere disturbato, mentre sul letto non riusciva ad avere un sonno continuo, e si svegliava al mattino confuso e scombinato.

Quando, la mattina, Gaya aveva schiuso gli occhi non era più nel letto ma sul poggiolo ad ammirare la città.

«Hai dormito in poltrona?»

«Mi ero svegliato per guardarti mente dormivi, e sono rimasto lì.»

«Per guardarmi mentre dormivo?»

Lui si morse le labbra, non voleva raccontarle dell'incubo, e incapace di mentirle le disse qualcosa di così vero e intimo da esserne sorpreso lui stesso.

«Sai Gaya, se c'è una cosa per cui potrei mettermi a piangere dalla commozione è vedere una persona cara che dorme. In quel momento vedo solo un essere indifeso e il mio cuore si stringe perché ho l'istinto di proteggerlo...»

Lei gli si gettò al collo.

«Giacomo farò di tutto per ritornare a Roma, dovessi mettere sottosopra tutta l'Università di Barcellona!»

Dopo aver fatto colazione, doccia e sistemato tutto, avevano chiamato un taxi. Durante il viaggio si erano tenuti stretti, parlando appena, e il tragitto era sembrato troppo breve ad entrambi. Arrivati in aeroporto Gaya aveva chiamato prima l'amica, poi la madre. In quella circostanza la signora Brunelli era sembrata molto più comprensiva del solito ma Gaya sapeva che non c'era da fidarsi, dietro quella finta dolcezza si nascondeva una tigre che stava tenendo sotto controllo ogni singolo spostamento della preda.

Al momento di salutarsi Gaya e Giacomo si erano stretti l'uno all'altra, poi l'aveva allontanata delicatamente e con una pacca sul sedere scherzosa l'aveva invitata ad andare verso l'imbarco.

«Aspetti il decollo?»

«Sì, aspetto che tu parta, stai serena.»

L'aveva vista oltrepassare il check in e incamminarsi verso gli imbarchi. Improvvisamente da solo, era rimasto come frastornato per qualche istante, come se non sapesse cosa fare o dove fosse.

Poi in preda ad un istinto incontrollabile si era diretto verso l'uscita. Sapeva che le aveva promesso di aspettare il decollo, che avrebbe dovuto salire sulla scala e andare nella sala a vetri da dove si vedevano partire tutti gli aerei, invece era fuori immerso nella folla, cercando un modo per rientrare verso Roma. La gente che aspettava di prendere il taxi era troppa; la fila era così lunga che i passeggeri decidevano di fare coppia per risparmiare tempo. Giacomo, incapace di aspettare, decise allora di prendere lo stesso treno che aveva preso con Gaya due giorni prima. Anche il treno era stracolmo, ma per fortuna riuscì a trovare un posto nel vagone di coda, tra due ragazze americane ed un romano ben vestito ma che puzzava di tabacco come un turco. Oltre alla puzza aveva anche un altro difetto, che per Giacomo era altrettanto detestabile, specialmente in quel momento; parlava a ruota libera senza neanche stare troppo a pensare se l'interlocutore stesse prestando attenzione o meno. E visto che le ragazze erano straniere, l'interlocutore era lui. Luca, così si chiamava, era sboccato e presuntuoso, ma coinvolgente, e in qualche modo stava riuscendo a fargli dimenticare il marasma doloroso che aveva in testa. Dopo neanche mezz'ora di viaggio gli aveva già raccontato parte della sua vita e lo aveva invitato ad una festa a casa di alcuni amici che ci sarebbe stata la sera stessa. Scambiati il numero di cellulare si erano salutati alla stazione di Roma Trastevere con una stretta di mano ed una pacca sulla spalla. Giacomo non aveva nemmeno voglia di pensare alla festa di quel ragazzo, il suo unico scopo era quello di prendere le sigarette al tabacchi ed andare a casa per aspettare la telefonata di Gaya. Prima di lasciarlo da solo, lei infatti, gli aveva raccomandato di non telefonarle a casa per evitare di incappare nella risposta della madre ancor prima che lei riuscisse a parlarle con calma raccontandole tutto. Doveva darle tempo, insomma, fidarsi di lei e mantenere i nervi saldi.

Giacomo aveva calcolato il tempo che Gaya avrebbe impiegato per arrivare a casa e parlare con la madre e per farlo passare più in fretta aveva deciso di fare due passi sul Viale Marconi ed entrare in libreria. Qualche settimana prima aveva letto un libro di un autore israeliano i cui protagonisti erano un cane, un ragazzo ed una ragazza. Il romanzo narrava la storia di questa ragazza che con l'aiuto di un cane trovava il fratello imprigionato in una specie di casa famiglia. A Giacomo quel libro era piaciuto particolarmente, lo aveva trovato commovente e molto vicino a lui, per cui voleva provare a leggerne qualcun altro dello stesso autore. Quindi, dopo aver fatto un po' di giri sul viale, preso le sigarette e acquistato il libro, si era diretto verso casa in attesa della telefonata. Già prima di rientrare, facendo solo mezzo chilometro di marciapiede si era fumato tre sigarette. Dopo mezz'ora che era arrivato a casa, invece, si era scolato già due bicchieri di vino rosso senza toccare cibo. Secondo i suoi calcoli, da quello che gli aveva confermato Gaya si sarebbe dovuta trovare già a casa da quasi un'ora, per cui non riusciva a comprendere perché non si era ancora fatta sentire. Dopo quasi due ore aveva fatto fuori dieci sigarette e più della metà della bottiglia di vino.

«Mi hai già lasciato brutta stronza - perché non me lo hai detto - bastava mi dicessi che volevi solo sesso - io sono il solito idiota che ci casca come una pera cotta – sarà stata la madre – quella donna che già mi disprezza perché sono italiano come lei e non si fida, visto lo schifo di persona che si ritrova ad essere - ma mi ama - me lo ha detto che mi ama dinanzi al Colosseo - a casa nel letto - in aeroporto - ovunque ce ne è stata occasione - ma la colpa è mia che non esprimo i miei sentimenti...»

Giacomo era in uno stato di panico. A quel punto non sapeva più che fare, se telefonare o continuare ad aspettare. Così si era acceso l'ennesima sigaretta giurando a se stesso che se Gaya non avesse chiamato, l'avrebbe chiamata lui fregandosene della madre. Quella tanto agognata telefonata non era arrivata, per cui col telefono in mano si era seduto sulla poltrona ed aveva digitato il numero. Aveva così tanta ansia in corpo che il cellulare gli sembrava pesante come un macigno. Il telefono aveva squillato diverse volte fin quando, nel momento in cui lui stava per mettere giù, aveva risposto la domestica dicendo che in casa non c'era nessuno dei padroni e che non sarebbero rientrati per cena e che se voleva poteva, comunque, lasciare un messaggio che glielo avrebbe fatto recapitare. Giacomo aveva chiuso la conversazione con uno sconforto che non sapeva spiegare. A quel punto, oltre alla sua testa, anche l'aggeggio gli era sembrato così leggero, che lo aveva preso e scaraventato in terra con tutto quello che era poggiato sul bracciolo della poltrona. Ed era stato proprio in quel momento che vicino al cordless aveva intravisto il bigliettino da visita che Luca gli aveva dato alla stazione.

«Ma chi se ne frega, esco e mi sbronzo di brutto fino a non riconoscermi nemmeno allo specchio...»

In poco più di un'ora era riuscito a sbarbarsi, docciarsi, profumarsi, vestirsi e raggiungere il suo pseudo-amico in un punto ben preciso sul Viale di Trastevere. Da qui i due si erano diretti verso la casa di alcuni fratelli che vivevano a cinque minuti in macchina da lì. Luca era completamente "fatto" e guidava come se avesse avuto in mano lo sterzo di un caterpillar; la mano destra al volante e quella sinistra appoggiata allo sportello che aveva il finestrino abbassato. In men che non si dica erano arrivati nell'atrio della grande casa di Via Dandolo, che i fratelli avevano ereditato dai nonni. Malgrado l'ubriachezza che gli ottenebrava la percezione, Giacomo riuscì a cogliere distintamente il grado di frenastenia dei padroni di casa e dei loro ospiti.

«Lo sai chi è l'ultimo uscito dalla casa? Nooo? Allora non sei informato!»

«Domani ho un aperitivo con quelli del club del tennis, tu in quale sei iscritto?»

«Quest'estate ci devi essere anche tu, andiamo a Porto Cervo col gruppo delle comparse, ma prima mi devi accompagnare in un centro benessere perché ho bisogno della mia massaggiatrice di fiducia, dopo l'ultimo silicone alle tette me le sento troppo dure…».

Lui si muoveva con disinvoltura dall'esterno all'interno dell'abitazione e tutti lo salutavano senza essere curiosi di chi potesse essere o del perché fosse lì tra loro. Dopo qualche altro drink e qualche ennesima sigaretta era salito al piano di sopra per cercare un bagno, ma aprendo la porta era incappato in un ragazzo che stava facendo uso di droghe. Il tipo senza scomporsi, che gli aveva anche offerto di tirare era scoppiato a ridere come uno stolto e Giacomo senza neanche guardarlo e uscendo di corsa gli aveva risposto che non ne aveva mai fatto uso e che non era sicuramente quello il momento in cui avrebbe iniziato. Più in là lungo il corridoio aveva trovato una porta socchiusa, l'aveva spinta leggermente sperando di trovare un bagno e invece aveva scoperto che era la porta di una camera da letto dove Luca e uno dei due fratelli facevano i piacioni con una ragazza devastata dal rimmel. Nessuno si era accorto di lui, per cui in modo silenzioso per come era arrivato se n'era andato. Ancora più svigorito di prima e con la vescica che gli stava gridando aiuto si era diretto verso una loggia che si trovava in fondo al corridoio; lì si era messo in un angolo lontano dall'occhio indiscreto degli altri ed aveva urinato in un vaso fino a far colare il suo mingo lungo il muro della casa. Dopo aver dato la sentenza di morte ad un bonsai, era rientrato e si era lasciato scivolare accanto ad un ragazzo spalmato in terra e messo peggio di lui. Mentre si accendeva l'ultima sigaretta della serata, aveva notato che il suo cellulare portava una lucina verde lampeggiante sull'estremità destra, segno che qualcuno del genere umano lo aveva cercato. Dopo aver digitato il codice pin si era reso conto di aver combinato l'ennesima fesseria. Aveva tre chiamate di Gaya e due messaggi nei quali lei gli chiedeva disperata che fine avesse fatto visto che lo aveva chiamato diverse volte anche al telefono di casa. Giacomo sembrava impazzito, cercò Luca per farsi accompagnare a casa ma lo trovò perso in un bagno di alcol, droga e sesso sfrenato. Decise allora di prendere un taxi senza essere sicuro di come l'avesse chiamato o chi lo avesse chiamato per lui; come ci si fosse infilato dentro, e se qualcuno lo avesse accompagnato fino all'ottavo piano. Il giorno dopo aveva solo coscienza di aver combinato una cavolata e sperava solo che Gaya non ce l'avesse troppo con lui.

Anche nel delirio più totale, evidentemente doveva aver scritto qualcosa in risposta ai messaggi della ragazza della notte precedente, perché all'indomani si era ritrovato alcune repliche nelle quali gli spiegava che la madre al suo arrivo aveva pensato di portarla a cena fuori perché le voleva parlare in completa intimità. Quando non aveva intenzione di farsi ascoltare dalla domestica, infatti, la trascinava sempre fuori. Non si doveva, quindi preoccupare, che una volta rientrata a casa, e sicura che tutti fossero stati a letto lo avrebbe chiamato.

«Non ti addormentare subito, ho voglia di sentirti. Già mi manchi...»

«Oh porca vacca, ma sono doppiamente stupido io! Ma cos'ho in testa, eh?!»

8.

Dopo aver finito il lavoro per lo studio, Giacomo si lascia andare ad un sonno profondo, senza incubi, e si sveglia il mattino dopo quasi all'ora di pranzo, il tempo di rifocillarsi velocemente e di andare in studio in orario. E' stato molto fortunato quando ha trovato questo lavoro, perché si trova a cinque minuti a piedi da casa, a Piazzale della Radio.

A Giacomo piace molto questo quartiere. Dopo tanti anni, alcuni negozianti lo riconoscono e lo salutano per strada, ma i suoi preferiti sono i proprietari delle vecchie botteghe, con cui molto spesso si ferma a fare quattro chiacchiere, e gli fanno anche prezzi di cortesia.

A vedere l'appartamento, qualche anno prima, c'era andato col figlio di alcuni amici dello zio che vivevano dalle parti di via della Magliana, in una piccola piazza riservata che gli faceva venire in mente quella dei paesi del sud Italia. Giacomo li frequentava spesso perché possedevano una cagnolina, che si era affezionata molto a lui. L'appartamento gli era piaciuto subito, tanto che dopo qualche giorno aveva già firmato il contratto. Non molto grande, era perfetto per due e forse tre persone al massimo. Il suo angolo preferito è quello dov'è incastrata la sua scrivania. Ed è da questa posizione che Giacomo controlla al computer il lavoro fatto la notte prima per vedere se tutto è come deve essere. Una volta avuta la certezza, lo spegne e si prepara la borsa. Poi esce e si incammina.

Per il lavoro che sta facendo Giacomo si sente molto sfruttato dallo studio, in quanto collabora saltuariamente da un anno e mezzo e complessivamente lo hanno ricompensato con qualche spicciolo rispetto alla mole di lavoro che ha già portato a termine. Però, per adesso, non ha voglia di cercarne un altro; in passato ha provato ma non c'è riuscito e spera che un giorno lo possano assumere a tempo pieno. Si tratta di riqualificare una fetta di un lotto all'interno di una zona molto vasta nella periferia di Roma; bisogna pensare ad una ridistribuzione in modo tale da creare un piccolo quartiere con tutte le funzioni annesse. A lui è toccato il compito di occuparsi della progettazione delle due ville unifamiliari dei proprietari all'interno dell'area stessa. Sono due fratelli milionari che useranno queste residenze per trascorrere le vacanze romane. Giacomo deve pensare alla progettazione vera e propria delle abitazioni, ma anche all'organizzazione delle altre attività ad esse connesse, vale a dire, la zona riservata alla piscina, quella per i campi da gioco e infine, la zona ludica.

Durante la notte Giacomo ha buttato giù uno schizzo generale della zona che riguarda solo la parte dedicata alle funzioni, e adesso si trova nello studio ad aspettare di essere ricevuto. Mentre qualcuno arriva e qualcun altro va via, qualcheduno passa col sorriso sulla faccia e qualche altro impreca a bassa voce perché il lavoro ha subito dei notevoli cambiamenti. Giacomo, invece, pensa che effettivamente non gliene frega nulla di come andrà questo incontro; lui sa di aver dedicato il tempo necessario e di aver dato tutto se stesso.

«Giacomo ti aspettano»

gli dice Ornella, la segretaria, con un mezzo sorriso.

Dopo poco più di mezz'ora Giacomo esce dalla stanza con una faccia così soddisfatta da risultare quasi antipatico. Il lavoro svolto durante la notte è andato bene e l'idea progettuale ai capi è piaciuta molto, per cui non gli resta che continuare sulla stessa linea di pensiero con cui è andato avanti fino a questo momento. Adesso ha solo voglia di premiarsi e andarsene a zonzo per le strade di Roma senza meta. Avrebbe voglia di farlo in compagnia di qualcuno ma scorrendo la rubrica del cellulare si rende conto che quei pochi che vorrebbe chiamare sono già in vacanza e gli altri sono prossimi ad essere cancellati, quindi sceglie di godersi la giornata da solo, da turista, come se fosse arrivato oggi per la prima volta in città. Dapprincipio, quello di cui ha voglia è di andare a mangiare una granita al limone in una gelateria che si trova vicino al Pantheon, in Via della Maddalena. Uscendo dallo studio prende un autobus e arriva a Torre Argentina per poi proseguire a piedi. Nel pomeriggio il centro di Roma è seducente, molto diverso da come si presenta la sera. Sembra subire una metamorfosi. Le persone passeggiano in silenzio come se ci fosse una regola dettata dagli antichi romani, alcuni hanno addirittura le ciabatte, come se fossero in un luogo di mare. Giacomo procede per la gelateria e una volta arrivato si mette in fila per lo scontrino.

Poi si avvicina al bancone e ordina una granita al limone con cannuccia e cucchiaino accluso. Ogni volta che gusta questa granita i suoi sensi lo riportano alla sua infanzia: è cosi cremosa che non sembra ghiaccio ma crema di limone. Mentre apprezza la gustosità della granita procede tra i vicoli e le piccole piazze fino ad arrivare in quella grande di Piazza Navona, dove si siede su una delle tante panchine in marmo presenti. La piazza già brulica di artisti di strada di vario genere e di pittori più o meno bravi: ci sono quelli che utilizzano il carboncino, quelli delle caricature o anche quelli che usano ritratti di personaggi famosi per attirare più passanti. Invece sull'angolo che porta a Campo De Fiori si è posizionato un signore anziano, molto simpatico, che fa ballare le marionette prima accompagnandosi con la musica di *Thriller* di *Michael Jackson,* poi con *Kiss* di *Prince*. Per non parlare di un tizio che fermo come un pezzo di marmo assume la posizione del corridore, quindi tiene le braccia in avanti, le gambe piegate con un piede in aria e l'altro in terra e con i capelli sparati verso dietro con mille chili di gel.

Dopo aver tirato su tutta la granita, decide di salire verso villa Borghese e dare un'occhiata dall'affaccio del Pincio. Quindi si incammina e sbuca su Via del Corso e subito dopo alla fine di questa via incontra Piazza del Popolo. Da qui tramite una scala sconnessa in pietra sale verso un altro panorama della città. Passeggia lungo i grandi viali del parco e ricorda quando, di tanto in tanto, un suo amico di origine olandese che partiva per lavoro, gli affidava la sua cagnolina.

Non è stanco ma sente il bisogno di sedersi perché il brusìo degli alberi gli riporta alla memoria le gite in campagna che faceva con la famiglia durante il giorno della pasquetta.

Un anno fu particolarmente divertente perché vennero dei cugini dall'Australia per trascorrere qualche mese in loro compagnia. Arrivarono ad aprile e se ne andarono a fine agosto. Giacomo si prese anche una bella cotta per una delle cugine che però non venne mai corrisposto. Durante quella Pasquetta gli invitati si organizzarono per preparare da mangiare e portare lui nella casa in campagna, per tradizione lo fecero solo le donne adulte, mentre i giovani dovettero pensare solo a non creare impicci. Loro prepararono il pranzo a sacco, gli altri qualche strumento per il gioco, quindi, la rete per il campo da pallavolo, le diverse palle e qualche centinaio di palloncini per i gavettoni. L'incontro fu fissato intorno alle undici, ma furono al completo solo intorno alle undici e mezza. Si smistarono nelle molte macchine disponibili in modo tale da riempirle tutte e marciarono verso la zona degli orti del paese che era distante una manciata di chilometri dal centro paese. La casetta a Giacomo attraeva particolarmente, difatti trascorreva molto tempo anche quando non era la stagione della canicola.

In totale arrivarono ad essere ventitré persone, tra nonni, genitori, zii e cugini. Ciascuno aveva un proprio compito da portare a termine, chi doveva spazzare a terra, chi levare le lenzuola dai mobili e dalle sedie; altri misero le bibite in frigo e altri ancora prepararono la brace per la carne. Ci fu chi apparecchiò la tavola e chi iniziò a suonare la fisarmonica. Chiunque da fuori poteva scambiarli per un gruppo di artisti presi dalle prove per una serata circense. Il tavolo fu imbandito in modo tale che solo a vederlo sarebbe venuta voglia di sedersi e sperare che lo stomaco fosse grande come quello di un elefante. I colori del cibo erano quasi psichedelici: peperoni alla griglia, parmigiana, bistecche ai ferri, insalata di pomodori e mozzarella, lasagne agli spinaci, crocchette di patate, carciofi ripieni; vino bianco, rosso, bibite varie e le birre che oltre ad allietare lo stomaco avrebbero alleggerito la mente.

Prima di aprire il frigorifero bisognava passare a farsi controllare le analisi del sangue per sapere il valore dei trigliceridi: torte di ogni genere e colore rappresentavano il vero dolore di molti presenti all'abbuffata che erano a dieta da una vita. Nel susseguirsi del pranzo ci si alternò alla tavola; chi giocava in giardino, chi si occupava di lavare stoviglie, chi sonnecchiava, chi fumava, chi beveva e chi ancora mangiava senza indugi. Giacomo assieme alle due cugine e ad un cugino, invece, riempirono i palloncini e iniziarono a lanciarli contro chiunque; in pochi minuti si creò un putiferio di acqua e polvere. Le ceste con i gavettoni furono poste ai quattro lati del giardino e spontaneamente si formarono quattro squadre; il tutto durò circa una decina di minuti ma la quantità di acqua e le pozzanghere che si crearono fecero pensare ad un alluvione che andava avanti da ore. Quel giorno, alcuni, tra i più impavidi fecero un bagno nel fiumiciattolo e dopo si stesero sull'erba ad asciugare. Gli altri, invece, meno coraggiosi, si asciugarono al sole e a fine giornata furono pieni di macchie di fango indurite sia sul corpo che sui vestiti.

Quante risate, davvero gli piacerebbe che fosse possibile ancora provare quelle emozioni, tornare a casa dei suoi genitori come se nulla fosse.

Dopo la magnificenza del Pincio decide di riprendere la strada verso Trastevere. Sono le otto e mezza passate quando arriva e comincia ad avere fame, ma non ha voglia di rientrare a casa.

«Mangiare fuori è possibile, ma da solo?»

Eppure c'è un posto dove può andare e non stare da solo, è il ristorante dove lavora Arturo.

«Giacomino! E tu che ci fai da queste parti da solo...?»

Arturo sbuca da dietro alcuni bidoni della spazzatura con una faccia buffa e dopo qualche risata, pacca sulle spalle e un senso di complicità gli trova un tavolo isolato all'interno.

«Siamo sicuri che gli altri non abbiano chiamato per prenotare, eh? Perché se così fosse mi volatilizzo più veloce della luce»

Rasserenato dalla presenza del suo amico, Giacomo si siede e si fa una di quelle mangiate a base di verdure grigliate, spaghetti col sugo di melanzane e acqua a volontà. Questa volta non ha nessuna scusa per dileguarsi ed uscire fuori a fumare visto che ha smesso, per cui dentro di sé ringrazia il cielo che non si trovi in compagnia degli altri del gruppo. Arturo ogni tanto però sbuca al tavolo con qualche assaggino e uno di quegli strambi aneddoti della sua vita che lui adora. Finita la cena è un po' stanco per fare ancora dei passi a piedi, per cui saluta con un caloroso abbraccio Arturo e chiama un taxi e si fa accompagnare a casa.

9.

Arturo è forse la persona più positiva della sua vita, insieme a Gaya. Eppure il modo in cui si sono conosciuti è emblematico del modo negativo in cui riesce a rovinare la propria vita.

Era cominciato tutto con un viaggio a Tenerife. Lui e Gaya lo avevano organizzato per settimane con mappa alle mani e internet dinanzi agli occhi per scegliere il luogo preciso dove prendere casa. Mancava solo il ritiro del biglietto che Clara, l'operatrice dell'agenzia viaggi, teneva pronto nel cassetto. Giacomo passò in mattinata e la trovò sorridente come al solito.

«Siediti Giacomo, arrivo da te in due minuti, solo il tempo di finire con gli altri clienti».

Ma mentre si sedeva, si sentì battere una mano sulla spalla.

«Giacomo che coincidenza, e che ci fai qui?»

Luca, che lui aveva sperato di non dover rivedere mai più in vita sua, era proprio accanto a lui, e gli sorrideva come se incontrarlo in quell'agenzia di viaggi fosse stata la cosa più incredibile del mondo anziché un prodigioso evento.

«Devo ritirare un biglietto.»

«Ma dai, e per dove?»

«Canarie»

«Grande! Questa sì che è un'idea.»

Che potere aveva quel ragazzo di far sembrare tutto casuale e facile? Non erano passati che pochi minuti e già gli aveva fatto il resoconto dettagliato degli ultimi mesi, l'aveva invitato a tre feste e si era fatto raccontare della storia con Gaya.

«Spagnola, eh? Grande, le spagnole sono muy calienti. Io sono stato con una di loro una volta, ma era di Madrid...»

Fu Clara a sottrarlo, invocandolo. Ma durò poco, perché l'idea delle Canarie aveva colpito irrimediabilmente il suo pseudo-amico, e purtroppo quando Luca si metteva una cosa in testa non c'era verso di fargliela togliere in alcun modo.

«Ehi Giacomo, ci vengo anch'io alle Canarie, sei contento?».

Solo un po' di fortuna e un'occhiata disperata salvarono Giacomo dalla certezza di ritrovarsi Luca e i suoi amici sullo stesso aereo.

Ma sarebbero arrivati tre giorni dopo, pronti a fondarsi in un appartamento per dodici persone, in un angolo dell'isola dal nome *El Medano*, con il suo numero di cellulare e la promessa che si sarebbero assolutamente visti.

Giacomo rientrò verso casa scompaginato. Non riusciva a congetturare in che modo avrebbe detto a Gaya di Luca. Quella doveva essere la loro vacanza da soli, fuori da tutto, e specialmente lontano dalla terra ferma, oltre che dal mondo di alcol e serate vuote che rischiavano di inghiottirlo e portarlo via da lei. Prima di salire nell'appartamento andò al bar e mandò giù due bicchieri di vino rosso a stomaco vuoto. Doveva parlarle, era deciso. Ma quando arrivò in casa vide che lei sprizzava gioia da tutti i pori. Non poteva farle questo. Scelse di non dirle niente e di rimandare a quando sarebbero stati sull'isola. Qualcosa di buono sarebbe successo.

Il volo diretto da Roma Fiumicino a Santa Cruz de Tenerife durò poco più di cinque ore ma il tempo passò velocemente tra coccole, letture e tante risate. All'aeroporto trovarono ad attenderli il tipo che doveva consegnare loro la macchina. Il viaggio verso l'appartamento durò non più di mezz'ora. Le strade non erano certo così trafficate come quelle di Roma.

Visto che per la sera avevano prenotato in un caratteristico ristorante di *Los Cristianos* segnato sulla guida, decisero di fare il loro primo bagno nell'atlantico, proprio lì, in quel piccolo centro abitato. Dopo venti minuti di macchina parcheggiarono dinanzi alla piccola piazza centrale dove, in un angolo, era presente anche una piccola chiesa. Gaya si innamorò subito del posto, simile a come uno dei tanti piccoli borghi del mediterraneo. Diverse stradine parallele a quella del lungomare davano l'unico ordine urbano alla cittadina che in quel periodo era piena zeppa di turisti di ogni nazionalità che si muovevano come trottole, uniti ai tanti intrattenitori dinanzi ai numerosi ristoranti che davano quel gusto un po' eccentrico al luogo;

presentavano le vivande del ristorante in diverse lingue come fossero altoparlanti degli aeroporti

«Ma cavolo, uno va via dall'Italia per stare un po' isolato e poi si ritrova in un luogo dove di italiani ce ne sono a migliaia...»

Fecero una breve pausa solo per capire dove si trovava il ristorante, poi si diressero verso la costa. Proseguirono verso sud perché dall'altro lato c'era un piccolo porticciolo e trovarono posto in un luogo un po' isolato. Trascorsero il pomeriggio in spiaggia. Gaya, abituata ad acque più calde, sentiva quella delle Canarie un po' troppo gelida, per cui prima si tuffò in mare, poi dopo essersi asciugata al sole trascorse il resto del tempo sotto l'ombrellone. Dopo una doccia e un rapido cambio in spiaggia, andarono verso il ristorante. Dapprincipio cenarono a base di pesce, successivamente invece, andarono a fare una passeggiata tra i piccoli vicoli del centro abitato, tenendosi stretti come se non dovessero più lasciarsi. Giacomo sentiva sotto le sue mani la pelle di lei calda di sole che esalava quell'odore tipico del dopo scottatura. Ad ogni passo le loro gambe si sfioravano, si cercavano, i fianchi di lei si appoggiavano ondeggiando ai suoi. Avevano desiderio l'uno dell'altra; voglia di riscoprirsi, di esplorarsi nuovamente, di dimenticare il resto perdendosi l'uno nell'altra. Furono giorni magnifici. La mattina giravano l'isola, immergendosi in ogni caletta, facendo il bagno con i delfini a largo di Adeje, visitando la vetta più alta della Spagna, il vulcano Teide.

La sera giravano per le strade, passeggiavano sulla spiaggia, mangiavano mariscos dalle labbra dell'altro. Poi facevano l'amore liberi da tutto, ebbri di sole e leggerezza.

Poi arrivò l'ultimo giorno e il messaggio che Giacomo tanto temeva. Luca e i suoi amici erano sull'isola e insistevano per vederlo, almeno per una sera. Sarebbe stato in grado di dire di no?

La sera, dopo aver mangiato nel loro tipico ristorante a Los Cristianos, contro il volere di Gaya, si spostarono in una zona che veniva chiamata *Las Veronicas*, stracolma di inglesi ubriachi da fare schifo in ogni angolo della strada. Gaya mandò giù un'acqua tonica, Giacomo invece il mondo intero. Lei aveva notato già dalla mattina che Giacomo aveva sul viso un'ombra, ma aveva fatto l'abitudine di non chiedere nulla proprio perché l'inezia era abituata a ricevere e così cercò di non farci caso. Da buona spagnola Gaya era una a cui piaceva divertirsi e prima di conoscere Giacomo fumava e beveva con i suoi amici, ma adesso che era con lui cercava di trattenersi. Lui però non si trattenne. Aveva visto altre volte Giacomo ridursi in condizioni pietose e ne era rimasta talmente stomacata da provare raccapriccio per quando in passato era successo anche a lei. Ma quella sera stava esagerando, non capiva cosa gli fosse preso.

«Basta Giacomo, torniamo a casa»

Dopo varie insistenze, Giacomo si rassegnò a darle le chiavi della macchina e lei con navigatore sotto mano portò entrambi sani e salvi fino all'appartamento. Giacomo le si avvicinò per fare del sesso ma Gaya fu dura. Come altre volte quando l'aveva visto in quello stato gli disse di no e andò a dormire sul divano.

Giacomo si ritrovò improvvisamente solo, perso nel buio stellato della finestra che dava sull'oceano. Avrebbe potuto insistere, chiedere scusa, dormire e rimandare al giorno dopo. Invece, in preda ad un impulso di autodistruzione, rispose al messaggio di Luca ed uscì, guidando come un pazzo fino a El Medano. Quello che successe quella notte, nei ricordi di Giacomo è un ammasso confuso di sensazioni raccapriccianti. Ma la più atroce di tutte è la sensazione degli occhi di Gaya su di lui il giorno dopo. Se fosse stata solo idrofobia sarebbe stato tutto più facile. Ma in quegli occhi, oltre alla collera, c'era un tormento così profondo da scavargli un abisso nel petto.

Se Gaya fosse stata una ragazza forte l'avrebbe lasciato quella sera, invece di tornare a Roma con lui, perdonandolo in un mare di lacrime e promesse. Ma lei non era una persona coraggiosa, a dispetto dell'immagine vitale e gioiosa che ostentava.

Anche per questo a distanza di un anno si ritrovava nella stessa situazione. Tra lei e quella specie di amici assurdi che si ritrovava, aveva scelto loro, e Gaya era rimasta a casa. Negli ultimi minuti prima che lui andasse via lei gli aveva gridato tutta la sua rabbia.

«Giacomo io non ce la faccio più, ti ho detto più volte che questo tuo modo di cambiare umore mi sta mandando fuori di testa, eravamo rimasti di stare a casa stasera e di non vedere quegli inetti dei tuoi amici, no?! Il bello che lo sai come va a finire e sai anche quanto io ti odi quando ubriaco fino al midollo ti attacchi addosso blaterandomi che ho ragione, eh!? Adesso tu li chiami, inventi una scusa e li mandi a quel paese e senza raccomandata con ricevuta di ritorno; vediamo se sono più importanti loro e il tuo essere fastidiosamente meteoropatico o noi due e quello che abbiamo costruito in questi quattro anni. Sai quanto ti ami e sai anche quanto non ti riesca a vedere mentre butti la tua vita nel cesso. Non te l'ho mai confessato, ma forse per tutte le volte che prima mi abbandoni e poi mi riprendi, spererei, invece, che tu mi lasciassi definitivamente al mio destino e forse così riuscirai a capire cosa vuoi veramente da te stesso, da me e da noi. Se mia madre dovesse mai sapere questo tuo modo di vivere la vita non farebbe altro che rinfacciarmelo per il resto dei miei giorni. Ti ricordi quanto siamo stati bene in vacanza alle Canarie? Fino a quando non

c'hanno raggiunto loro; dovresti pensare proprio a quello per capire a che punto stiamo arrivando...»

Per l'ennesima volta lo aveva minacciato che un giorno sarebbe arrivato a casa e lei non ci sarebbe stata più; ma entrambi sapevano che non avrebbe mai avuto il coraggio di farlo.

Una volta uscito per raggiungere i compari, Gaya si era raggomitolata sul divano con un cuscino stretto al petto dinanzi alla tv. Piangeva come una bambina lasciata dinanzi scuola dal papà e ripensava a mille cose. Sentiva che i ricordi la stavano man mano distruggendo. Molto spesso in passato aveva avuto solo voglia di fuggire, ma mentre preparava il tutto e si dirigeva alla porta sentiva un pezzo del suo cuore che era rimasto imprigionato in quella casa e così ritornava indietro. Aveva rinunciato a tutto per lui e non era ancora abbastanza.

Erano trascorse quasi due ore e sapeva che Giacomo non sarebbe tornato a casa prima del mattino seguente. Dopo aver provato inutilmente a raggiungerlo sul cellulare si era decisa ad andare nel pub sotto casa a fare quattro chiacchiere con la proprietaria, che era diventata sua amica, per togliersi dalla testa un po' di paranoie che la stavano martellando. Il clima fuori era mite, per cui aveva deciso di indossare un jeans ed una t-shirt con una paio di sandali senza tacco. Non aveva voglia né di truccarsi né di pettinarsi ma solo di uscire il più presto possibile da quella gabbia che la stava strangolando. Una volta entrata nel pub si era seduta su uno sgabello al bancone con un bicchiere di acqua liscia in mano e gli occhi fissi sullo schermo che trasmetteva senza volume video musicali.

«Forse hai bisogno di qualcosa di più forte di un bicchiere d'acqua?»

Si era girata di scatto pronta a reagire, ma poi aveva visto due occhi neri sorridenti e tranquilli che la osservavano divertito e di colpo la sua rabbia si era affievolita.

«Qualcosa di più forte come quello che bevi tu?»

Aveva detto indicando la bottiglia di gazzosa con la cannuccia che il ragazzo aveva di fronte.

«Nella mia c'è il limone, forse ho esagerato.»

Senza volerlo, Gaya aveva ostentato un mezzo sorriso. Ma non aveva alcuna intenzione di cedere ai tentativi maldestri di rimorchio di un ragazzo conosciuto al pub, per quanto simpatico, così aveva rivolto nuovamente lo sguardo in direzione delle immagini mute.

Se non fosse stato per Barbara, la proprietaria del pub, che era intervenuta a fare le presentazioni, lei e Arturo non si sarebbero mai conosciuti.

«Tranquilla Gaya, Arturo è innocuo, puoi fidarti. E' arrivato a Roma da poco e per ora mi dà una mano con i clienti.»

Gaya si era fatta forza e aveva cercato di imbastire una conversazione.

«E come ti trovi a Roma?»

«Bene. Mi piace questa città, mi sembra che respiri anche di notte quando tutti dormono...un po' diversa dal piccolo centro da cui arrivo, lì si dorme e basta»

Arturo aveva un modo di parlare diretto e semplice, fuori da ogni schema a cui era abituata. Senza rendersene conto si trovò a chiacchierare fitto fitto con lui e Barbara, e anche a sorridere, dimentica di tutto.

Arturo veniva dal nord Italia, e le sembrava che fosse partito per sfuggire da qualcosa o qualcuno, anche se non capiva bene da cosa. Con qualche risparmio si era comprato il biglietto del treno e garantito i primi mesi di affitto in un appartamento condiviso con altri due ragazzi, lì nel quartiere stesso. Barbara l'aveva conosciuta frequentando il pub, e ora sperava di trovare un lavoro più stabile, che lo aiutasse a sostenersi economicamente.

Conquistata dalla sua genuinità, Gaya aveva promesso di aiutarlo e così che lui le aveva scritto nome e numero di telefono su un foglietto di carta.

In parte rasserenata dalla chiacchierata, alla fine, si era decisa a rientrare a casa. Giacomo non era ancora tornato e visto che non aveva voglia di struggersi ad aspettarlo si mise al letto con le cuffiette nelle orecchie e la loro prima foto sul comodino, quasi a sperare che quel momento, in cui era ancora tutto da inventare, tutto da decidere, tornasse di nuovo a dar loro speranza.

Tra musica e ricordi era scivolata in un sopore così profondo che non lo aveva neppure sentito intrufolarsi nel suo letto nel cuore della notte.

La mattina entrambi si erano svegliati di soprassalto per via del temporale. Nessuno dei due aveva pensato a chiudere le finestre e l'acqua era entrata ovunque; anche il bucato steso la sera prima era fradicio. Alzati di scatto dal letto avevano provato ad asciugare nonostante l'acqua entrata fosse stata troppa e loro due erano ancora abbastanza addormentati. Giacomo ad un certo punto era scoppiato a ridere e l'aveva afferrata per schizzarla con l'acqua, ma lei riuscendo a divincolarsi si era vendicata nella stessa maniera.

«Oddio che ridere e che ricordi assurdi».

Gaya aveva chiesto di quali ricordi lui stesse parlando e Giacomo schernendosi aveva risposto che si stava riferendo ad un film. Era rimasta delusa, per un momento si era illusa di aver ritrovato il fidanzato di un tempo, ma forse il suo era un vagheggiamento. In silenzio avevano ripulito tutto ed avevano steso la roba bagnata in bagno, direttamente sulla vasca, sui fili che erano stati avvitati per quel preciso scopo. Per tutto il tempo non avevano neppure parlato di quello che era successo la sera prima e di dove lui fosse andato con i suoi amici. Lei non lo aveva chiesto per non farsi ancora più male, le bastava immaginare; lui invece non le diceva più niente perché era arrivato al punto che ogni uscita con quei tipi era una sconfitta per lui e fondamentalmente se ne vergognava. Andarono in cucina per fare colazione e a Gaya venne in mente di raccontargli di Arturo.

Giacomo sembrava stranamente avvinto a quella storia e dopo averle chiesto qualche informazione in più per capire come aiutarlo le aveva raccomandato di lasciargli il foglietto con i dati sulla sua scrivania; appena avesse avuto un attimo di tempo si sarebbe organizzato.

Mentre Gaya sgomberava la tavola, lui si era seduto sulla poltrona in camera. La notte "brava" si faceva sentire: sia sulla sua gastrite apparsa come il postino alla porta che alle continue vertigini. Evidentemente non gli era bastato perché si era anche acceso una sigaretta. C'era qualcosa che lo agitava, e mentre cercava di capire cosa potesse essere, continuava a fumare in modo incontrollato. Ad un certo punto, come se qualcuno l'avesse tirato via dalla poltrona, si era ritrovato dinanzi alla scrivania col foglietto in mano.

«Ah ecco cosa stavo cercando; vediamo chi posso sentire per dare una mano a questo ragazzo di nome Arturo. Adesso faccio qualche telefonata e poi, se è il caso, lo faccio richiamare da Gaya...»

10.

Giacomo aveva provato a sentire qualche amico per la questione di Arturo, ma come al solito l'unico che gli aveva dato dei buoni contatti era stato Luca. In un primo momento Gaya non l'aveva mandata giù e aveva anche pensato di far saltare tutto raccontando ad Arturo che ci sarebbe dovuto riuscire senza il loro aiuto. Ma Giacomo oramai sapeva come prenderla e dopo un alterco molto animato erano arrivati alla conclusione che una mano d'aiuto a quel povero ragazzo serviva davvero, per cui per una volta era meglio mettere da parte il disappunto. Luca gli aveva dato il contatto di un ristorante al centro dove andavano spesso a cenare. Gaya allora aveva chiamato Arturo e gli aveva dato appuntamento all'incrocio tra la stazione di Trastevere e Viale di Trastevere. Da lì sarebbero andati insieme al ristorante con i mezzi pubblici, proprio per evitare il disagio di ritrovarsi in macchina tra estranei. A Giacomo, come prima impressione, non era piaciuto tanto quel ragazzo. Gli sembrava che avesse uno strano carisma, quasi enigmatico.

«E poi, da dove viene veramente?»

Si comportava come se fosse cresciuto in un altro mondo; un universo dove nessuno faceva uso di droghe, beveva alcolici; nessuno faceva sesso e soprattutto nessuno parlava in modo blasfemo. Ma poi col trascorrere delle ore aveva cominciato ad apprezzarlo, provando addirittura una forte tenerezza. Arturo sembrava a digiuno di qualsiasi esperienza di vita e indifeso come un cagnolino abbandonato sul ciglio di una strada.

Il colloquio alla fine era andato bene. La paga non era alta, gli orari pesanti, ma ad Arturo quel lavoro da cameriere al ristorante sembrava un portento.

«Ragazzi non so come ringraziarvi, sono arrivato a Roma e non pensavo di trovare delle persone disponibili e buone come voi, non so davvero in che modo ricambiare la cortesia. Anzi, adesso che ci penso, lo so molto bene. Appena mi si libera casa dai coinquilini vi preparo una cena che vi leccherete i cosiddetti "baffi". Oltre alla passione per la mente umana un'altra cosa che mi piace svolgere allo stesso modo è cucinare; se poi lo devo fare per gli altri mi soddisfa ancora di più».

A quel punto sia Giacomo che Gaya avevano esplicitato a chiare lettere che non avrebbero accettato nessun tipo di rifiuto e che dopo essere passati dal supermercato a fare la spesa si sarebbero invitati a cena alla tavola di Arturo ma a casa loro. Era passato in automatico da invitato ad invitante e la cosa non gli dispiaceva affatto, al contrario. Quando loro erano andati all'ipermercato per gli acquisti, Gaya si era fermata a casa per metterla in ordine; aveva aperto tutte le finestre e dato una passata di aspirapolvere ovunque, mobili, tappeti e divano. Le bottiglie di vino, quelle vuote che si erano accumulate sul poggiolo le aveva chiuse in un sacchetto e le aveva portate giù nella zona spazzatura del condominio; le altre, quelle rimaste in frigo le aveva spostate sempre sul balcone ma in un angolo sotto una sedia di vimini. Aveva recuperato da un cassetto una tovaglia pulita e le posate con i relativi piatti che la madre tempo prima le aveva regalato. Via i posaceneri e via ogni altro oggetto che a Gaya dava fastidio.

Intanto, tra le corsie del grande magazzino, uno tallonava l'altro col carrello semi vuoto, mentre Arturo con la lista in mano sceglieva i vari ingredienti e li poggiava nel contenitore. Avevano avuto modo di confrontarsi ma non approfonditamente perché sia uno che l'altro tendevano più a fare domande che a subirle come in uno scontro a due. Entrambi erano strategicamente elusivi per cui si erano orientati solo su argomenti di cucina.

Durante la serata Giacomo non aveva fumato tanto e l'unica volta era stata sul poggiolo, anche perché nei momenti in cui aveva cercato di accendersela in casa, Gaya lo aveva annientato con piglio minaccioso. Arturo si era messo ai fuochi mentre i due osservavano compiaciuti il suo modo elegante di destreggiarsi tra i fornelli. Alla ragazza sembrava che fosse cresciuto in qualche cucina di qualche grande ristorante. Giacomo, invece, continuava a pensare che fosse venuto da un altro pianeta, una specie di alieno arrivato sulla terra per sconfiggere tutte le malattie mortali che affliggevano l'uomo.

Arturo, invece, non era niente di tutto questo. Era semplicemente la tipica persona che quando aveva ospiti a casa non badava agli usi e costumi convenzionali, ma gli piaceva cucinare per quello che i suoi ospiti gli trasmettevano. Per questo aveva pensato per loro qualcosa che potesse, almeno per qualche ora, purificare il loro rapporto: qualcosa di leggero ma allo stesso tempo stuzzicante. Aveva quindi preparato degli assaggini senza un ordine preciso di vivande e tra l'uno e l'altro serviva una tisana in piccole tazze che Gaya aveva scovato nella credenza. Erano partiti con delle scaloppine al marsala e funghi, per poi passare agli involtini di carne con burro e salvia e finire con dei tomini fusi contornati di verdure grigliate calde.

I due ragazzi erano rimasti stupiti da come si potevano combinare dei sapori così diversi in così poco tempo ed in una cucina domestica. Erano totalmente sedotti dalle mani di quel ragazzo.

Dopo una breve pausa e qualche chiacchiera, Arturo si era poi cimentato anche nella preparazione di un dolce. Aveva deciso di armonizzare il gusto della frutta esotica con quello della cannella e del miele; aveva cotto delle fette di ananas alla piastra e dinanzi ai loro occhi le aveva adagiate su un piatto di portata e versato su di esse prima un cucchiaino di zucchero di canna e uno di miele ed infine un leggero velo di cannella. I ragazzi continuavano ad essere meravigliati ed inebriati. Non riuscivano a spiegarsi come un ragazzo con queste qualità non decidesse di fare della cucina un vero e proprio mestiere anziché considerarla solo una passione. Una volta finito di gustare la cena, mentre la lavastoviglie era in funzione, tutti e tre si erano rifugiati nella frescura del balcone dimentichi dell'acquazzone che c'era stato poche ore prima; l'aria era poco più fresca e Arturo in cuor suo era stato molto soddisfatto e contento di quello che aveva preparato e del dono che aveva fatto loro. Era contento della grande attenzione che aveva avuto Giacomo nei suoi riguardi trovandogli un occupazione. Sicuramente non sarebbe stato il lavoro della sua vita, ma per il momento andava più che bene. Avrebbe iniziato il prossimo fine settimana e i ragazzi gli avevano promesso che sarebbero andati a cena proprio in quella sua prima serata di lavoro. Arturo ne era stato blandito.

Giacomo gli voleva chiedere di fermarsi a dormire sul divano in sala, ma alla fine aveva lasciato stare per rispetto di Gaya e anche perché gli sembrava troppo indiscreto nei suoi confronti. Aveva scoperto che Arturo gli piaceva molto, ma ancora non se la sentiva di farlo entrare nella sua sfera privata. A quel punto, esauriti i discorsi che avevano da fare e stanchi di una lunga giornata, l'ospite aveva deciso di ringraziare e di andare verso casa e senza scomodarli li aveva salutati e con una pacca sulla spalla aveva lasciato l'abitazione.

Giacomo e Gaya nel frattempo si erano oramai incastrati in una morsa sulla sedia di vimini e non avevano neanche considerato di alzarsi per chiudere la porta, ma erano rimasti sul poggiolo ancora qualche minuto per parlottare. Lei come al solito cercava di far capire che lui non poteva andare avanti con quell'atteggiamento, che in qualche modo si sarebbe dovuto aprire a lei. Stavano assieme da quattro anni, ma a volte credeva di non conoscerlo nemmeno

«Hai visto Arturo, no? Sembra così solare e aperto al prossimo e con tanta voglia di fare nella vita».

Giacomo non aveva voglia di sentire un altro rabbuffo, specialmente se in quella circostanza venisse incluso un altro uomo mettendo lui in cattiva luce. E in pochi secondi si era alzato e dissimulando una stanchezza atroce alle gambe le aveva dato un bacio sulla fronte ed era andato verso la camera da letto. Lei era rimasta, invece, ancora un altro po' seduta, pensando ad Arturo. C'era qualcosa nel tono della sua voce che la colpiva, e che immancabilmente le faceva venire in mente il suo Giacomo.

Allora si era alzata di scatto e si era sdraiata accanto a lui nel letto. Giacomo le si era avvicinato per fare l'amore, e Gaya non c'aveva più pensato a quella sensazione.

Intanto Arturo era sceso in strada ma ancora novellino del quartiere non ricordava con esattezza la direzione per andare verso casa sua e dopo vari giri inutili intorno all'isolato aveva deciso di chiamare sul telefonino di Giacomo. In seguito a innumerevoli squilli a vuoto, alla fine, aveva risposto Gaya al suo posto, la quale aveva dato tutte le indicazioni precise per poterlo far arrivare all'abitazione sano e salvo. Aveva chiuso la telefonata con uno strano senso di smarrimento ma distratta subito dopo da Giacomo si era rinsavita.

Dall'altra parte dell'isolato, intanto, il ragazzo aveva aperto la porta ed era entrato. Anche lui era molto stanco e pensieroso e aveva solo voglia di andare a letto, ma prima, doveva necessariamente fare una doccia, approfittarne stasera perché il giorno dopo sicuramente avrebbe trovato il bagno occupato per molte ore. Per uno come lui che non era abituato a convivere con altra gente quell'esperienza lo stava mettendo a dura prova. La tragedia della morte dei genitori e quello che era venuto dopo, lo continuavano a lasciare tramortito dalla disperazione e dalla confusione, ma lui era arrivato a Roma per cambiare vita e così sarebbe stato. Anche quella sera come tante altre, prima di provare ad addormentarsi aveva preso dal cassetto la missiva che i suoi genitori gli avevano scritto e che lui aveva letto solo dopo la loro morte quando la nonna gliel'aveva consegnata.

«Amore di nonna, ti devo dare questa lettera che tua mamma scrisse qualche mese fa dicendomi che se fosse successo qualcosa a lei o a tuo padre ed io fossi stata ancora in vita te l'avrei dovuta consegnare. Io conosco molto bene il contenuto di essa ma non te ne voglio parlare perché è una cosa che riguarda te e loro ed io non voglio intromettermi. Voglio solo ricordarti quanto io ti voglia bene e quanto io te ne vorrò qualunque cosa accadrà...»

Arturo aveva preso la lettera dalle mani della nonna ma non l'aveva letta subito. Le sue parole lo avevano completamente turbato. Scelse invece di leggerla qualche settimana dopo durante il suo compleanno. Per un attimo, prima di aprire la busta, sperò di trovare all'interno un messaggio di buon auspicio, il regalo dei suoi genitori per il suo compleanno. Invece quella che lesse e che continuava a leggere quella notte senza capacitarsi, era una notizia che lo aveva del tutto annichilito. Una di quelle notizie che nessuno avrebbe voluto denudare e che tutti avrebbero voluto occultare. Era stato dopo quello scritto che si era mosso per organizzarsi e per decidere cosa avrebbe dovuto fare, e solo con l'aiuto del suo immenso coraggio aveva fatto le valigie ed era arrivato a Roma.

11.

Giacomo sente che il suo cuore ha ripreso a battere a ritmi normali. Inizia anche a sentirsi meglio dal punto di vista fisico e tutto per la decisione di smettere di condurre la vita che stava facendo. Non si sente più la bocca amara e può evitare di comprare chili e chili di chewingum rovinandosi i denti. Dall'ultima visita avuta col dentista era venuto fuori che i suoi denti si stavano così indebolendo e deteriorando per via del gas delle bevande e della nicotina che avevano di già lo stesso trascorso della dentatura di un anziano. Inoltre se non si fosse dato un segnale di arresto il prima possibile gli sarebbero caduti ad uno ad uno.

Stranamente nella giornata appena trascorsa, ricca di eventi, non ha pensato a Gaya in modo così molesto come era successo nei giorni precedenti. In cuor suo si sta rendendo conto che è così intenso ed eterno l'ardore che ancora prova per lei che è disposto a lasciarla andare proprio per il suo bene. Anche perché lui non si sente ancora in grado di rimettersi in gioco in una nuova situazione sentimentale, specialmente per i sensi di colpa che si porta dentro.

Ma è arrivato il momento che lui con questo senso di colpa ci faccia i conti.

Deve tornare a casa e affrontare i suoi, una volta per tutte. In questi giorni ha pensato spesso a loro, congetturando su come possano essere cambiati. La persona che gli ingarbuglierà di più il cervello sarà senza dubbio la madre. I nonni, invece, in qualche modo avevano già fatto vedere il loro declino fisico, per l'età che avevano, prima che lui decidesse di lasciare il paese; mentre per il padre e la zia Vittoria non sente questo trasporto emotivo. Fulvietto invece sporadicamente lo aveva visto durante gli anni ed era cambiato poco; più che altro era diventato canuto e gli era spuntato un pò di adipe alla pancia e ai fianchi.

«Basta con queste elucubrazioni mentali, domani devo svegliarmi riposato perché devo lavorare; dai, dai, proviamo a dormire...»

La mattina seguente è arrivata, Giacomo ha dormito molto bene e gli incubi continuano a stargli lontano, cosicché si sveglia con lo stesso senso di pace con cui si è destato negli ultimi giorni.

Con una bella spremuta di arancia appena preparata accende il pc e aspetta il suo avvio che sarà tra una manciata di secondi circa. Racimola le idee e dedica al lavoro per il progetto, quattro ore circa; questo calcolo lo aveva fatto il giorno prima uscendo dallo studio. Si era promesso che non avrebbe lavorato più di quattro ore al giorno per i prossimi quattro giorni perché non aveva voglia di sfibrarsi e perché fondamentalmente quelli dello studio non erano affatto degni di tale sacrificio. Poi una volta rientrato dalle vacanze avrebbe dedicato tutto il tempo necessario per portarlo a termine.

Ha trascorso troppo tempo a non capire chi fosse o cosa volesse ma da quando ha deciso di farlo tutto il resto è passato in secondo piano; come quando si partecipa ad una gara e ci si ritrova all'ultima posizione. Si corre all'impazzata senza capire bene chi superare, con il solo scopo di superarne uno alla volta e di arrivare al traguardo prima degli altri, ma una volta che ci si trova in prima fila, l'unica cosa di cui si è interessati veramente è se stessi e quello che si ha dinanzi. Con questa nuova norma di vita Giacomo chiude il *file* del lavoro dopo averlo copiato in due cartelle e si dedica alla ricerca dell'acquisto del biglietto per andare dai suoi

«Bisogna solo capire se voglio andare in treno o in pullman. Mmmh. Effettivamente se vado in treno ci metto meno tempo però poi deve venire qualcuno a prendermi alla stazione; mentre se viaggio in pullman arrivo direttamente nella piazza centrale. Ok, deciso. Prenoto il treno e mi faccio venire a prendere dallo zio Fulvio, non mi va di scendere in piazza dopo tutti questi anni e sentirmi gli occhi addosso delle perpetue del paese...»

Per avere la conferma, comunque Giacomo chiama lo zio che gli da subito l'ok. Qualche minuto più tardi ha già prenotato il treno delle nove del mattino dalla stazione Termini, con arrivo alla stazione intorno all'una del pomeriggio.

Molto spesso Giacomo in passato aveva svolto del volontariato in un canile che si trovava lungo la Via Tiburtina al chilometro millecento. Ne approfittava nei periodi in cui non aveva molto lavoro o comunque si riusciva a liberare per qualche ora al giorno; Negli anni addietro aveva portato anche Gaya e lei ne era rimasta entusiasta, infatti dopo qualche turno le era piaciuto così tanto che nel tempo libero era lei che lo seguiva come un quattro zampe.

Dopo aver mangiato celermente un boccone, decide che oggi sarebbe stata una di quelle giornate in cui la sua epidermide si sarebbe arrostita sotto il sole; vuole in qualche modo riverire Gaya, per cui chiama la tipa che organizza i turni al canile e le da la disponibilità per tutto il pomeriggio. L'inizio sarebbe stato dopo un ora circa, per cui si prepara zaino in spalla e casco alla mano e si dirige verso lo scooter. Dopo tre quarti d'ora si trova già dinanzi al cancello, pigia sul pulsante e qualcuno dall'altra parte della cancellata glielo apre. Prima di entrare all'interno dell'edificio vero e proprio c'è da fare una cinquantina di metri di selciato. Una volta parcheggiato il motociclo nell'area riservata alle macchine entra dentro la struttura e va direttamente in ufficio, dove c'è Alberta che lo aspetta

«Ehi Giacomì allora, come stai? E' da un pezzo che non ti si vede, eh? Ma che fine hai fatto? Non

vedo e non sento più nemmeno Gaya. Comunque grazie per essere qui, il vostro aiuto è indispensabile e non basta mai. Da quando la crisi ci sta angustiando, il volontariato è venuto sempre meno e le persone non sono più disponibili come un tempo. Cerco di organizzare alla meglio i turni ma a volte ho dei buchi così grandi che devo chiedere ai ragazzi di fermarsi a fare lo straordinario. Considera che a rotazione eravate circa una cinquantina, adesso se ne riesco ad organizzare venti sono fortunata. Poveri i miei cuccioli.»

Giacomo dopo essersi sentito abbastanza in colpa inizia il turno. Alberta ha una norma gestionale tutta sua per coordinare il canile; è molto scrupolosa per quanto concerne le norme igienico-sanitarie ma per tutto il resto si prodiga, dice lei, per rendere il più possibile vivibile quel luogo. Durante il periodo della bella stagione, per cui di caldo, i cani vengono lavati all'esterno in una zona riservata solo a questo trattamento. Prima, vengono divisi in gruppi da cinque dello stesso sesso e non litigiosi, ed una volta lavati e sciacquati vengono portati in un'altra zona dove possono baloccare mentre si asciugano al sole. Giacomo con questa sua prima incombenza da svolgere va alla ricerca delle sue duc femmine preferite.

«Lo so che non sarebbe giusto avere delle preferenze, ma in fondo si tratta più che altro di uno scambio di affetto. Alla fine Kira e Pepa sono quelle

Continuando a fare lo gnorri per quello che era successo la sera in cui cacciò di casa Gaya.

«Ciao Luca. si grazie, tutto bene. Ti ho richiamato perché avrei piacere di argomentarti e delineare il nostro rapporto di amicizia, sempre che tu abbia cinque minuti da dedicarmi?»

..qualche attimo di silenzio nel quale Luca tira su di sigaretta e si rende disponibile…

«sto attraversando un periodo particolarmente dissociativo della mia vita. Gaya è ritornata a Barcellona ed io ho bisogno di rimettere in sesto molte cose e di riprendere in mano la mia serenità, per cui ho scelto di essere migliore e di sentirmi meno male facendo cavolate e buttandola nel cesso. Qualche giorno fa ho smesso anche di fumare e di bere, per cui vorrei continuare su questa linea; non ce l'ho con voi ma solo con me stesso ed ho voglia di costruire qualcosa di diverso da quello che sono riuscito a fare sino ad oggi. Ti chiamo proprio per dirti di non prenderla come attacco personale, ma non posso più uscire con voi, non me la sento, almeno se sono gli stessi i presupposti. Se hai voglia di vedermi per quattro chiacchiere, un caffè o una pizza chiamami altrimenti non farlo. Ed un ultima cosa: per la cronaca, l'altra sera con Sandra non è successo assolutamente niente come non è mai avvenuto nulla nei sette anni trascorsi accanto a

Gaya. Lei è stata l'unica e dentro di me lo è tutt'ora. Spero che farai da tramite e lo dirai agli altri.»

Dopo qualche istante di smarrimento, Luca accetta le critiche e mettendoci sopra una delle sue battute idiote chiude la telefonata, dicendo che in fin dei conti lo ha sempre saputo che Giacomo non era del gioco, ma che comunque, se in futuro avesse voluto una serata "brava" per ricordare i vecchi compari, lo avrebbe potuto tranquillamente chiamare. Giacomo si sente veramente più leggero per com'è andata la telefonata, in fin dei conti Luca è un bravo ragazzo e come i bravi figli di papà sono deboli di carattere e si mischiano nella massa senza pensare realmente a quello che vogliono. Adesso lui vuole continuare a trascorrere la serata in modo tranquillo e sereno, per cui decide di provvedere alla cena e di consumarla seduto sul balcone. Come ogni sera a quest'ora, avrebbe una voglia matta di stappare una bottiglia di vino e di farsi una sigaretta, ma cerca di resistere bevendo un bicchiere di acqua liscia. Diverse decine di minuti dopo si trova a tavola e dopo aver mandato giù tutto con una grossa fame, passa al dolce; per questo, c'è stato il reparto frigo del supermercato. Ha preso semplicemente il gelato ai suoi gusti preferiti: cioccolato, tiramisù e bacio.

«Per questa sera mi sento proprio satollo, adesso posso anche lasciare tutto così e sistemare domani mattina...»

Prende la sedia di vimini, la sposta al lato del tavolo e ci si siede sopra allungando le gambe su un piccolo strapuntino. Dopo qualche minuto gli arriva un messaggio di Gaya sul telefono. Appena legge il suo nome sul *display* gli viene un colpo allo stomaco; nel messaggio, però, lei lo ringrazia semplicemente per i pacchi che le ha fatto pervenire a Barcellona. Il messaggio inizia e finisce con un

«ciao e buona notte.»

Giacomo se ne dispiace abbastanza, perché a differenza dei soliti messaggi di Gaya, gli ultimi hanno tutti un retrogusto di acrimonia.

D'un tratto, però, nel trastullarsi alla brezza serale, gli torna in mente il loro sesto anniversario.

Lei lo aveva svegliato con un messaggio sul cellulare ed una rosa rossa attaccata ad un bigliettino. Nel foglietto di carta c'era scritto:

«Il messaggio è per te, ma questa rosa è per me. Nel caso in cui tu te ne fossi scordato c'ho pensato io per tutti e due, ti amo. Gaya.»

Sorridendo, Giacomo si sedette sul letto e dopo aver sbloccato il cellulare, lesse il messaggio che Gaya gli aveva inviato durante la notte.

«Ciao amore, in questo sesto anno sono seduta qui dinanzi a te sulla tua poltrona preferita. Sto cercando di immaginarmi sdraiata accanto a te e sto cercando di immaginarti anziano sdraiato accanto a me. Solo a guardarti sento il cuore che pulsa come un treno a vapore e riesco a vedere anche il tuo che batte nel petto. Avrei voglia di accarezzarti ma non

vorrei svegliarti, per dirti tante cose e sentirmene dire tante altre da te, ma a volte anche senza parlarci riesco a leggerti nel pensiero e a capire che in fondo tu mi ami e non mi faresti mai del male volontariamente. Spero di sedermi su questa poltrona ogni notte del nostro anniversario e, finché avrò fiato nello stomaco, poterti dire che ti amo più della mia stessa carne...»

Con gli occhi lucidi come in un acquario di pesci rossi, Giacomo rinsavisce dall'effetto dei ricordi e si dirige verso la camera. Vede la poltrona dinanzi al letto e quello che un anno prima non era riuscito a dirle lo enuncia adesso.

«..ciao amore, hai perfettamente ragione. Io ti amo e non ho mai smesso di farlo per un solo secondo della mia vita, e ne sono certo, ti amavo ancora prima di conoscerti su quel ponte. Ti vorrei dire tante cose e vorrei anche che questa volta tu mi ascoltassi e mi capissi senza dovermi leggere nel pensiero. Ti auguro una felice notte e ti abbraccio come la prima volta che tu mi abbracciasti dinanzi al Colosseo. Sarò per sempre tuo...»

12.

La sera del suo diciottesimo compleanno tutto era pronto per la grande festa. Oltre ai familiari e agli amici del paese erano stati invitati anche i compagni del liceo che venivano, però, tutti da fuori perché la scuola si trovava a venti chilometri da lì. In quel due luglio dell'anno duemilauno la canicola fu asfissiante e la madre di Giacomo era molto provata. Non sentendosi in grado di preparare lei stessa le vivande, si fece aiutare da un catering che conosceva. La festa sarebbe stata un buffet nel giardino, perché alla madre non piacevano gli incontri formali, seduti ai tavoli specialmente se tutti i banchettanti non si conoscevano fra loro. Il festeggiato però quella sera si sentiva strano, in casa da qualche giorno c'era un'atmosfera opprimente. I genitori litigavano frequentemente e più volte li aveva sorpresi a discutere con gli occhi lucidi e le facce alterate. Ad ogni sua richiesta di chiosa si facevano elusivi, enigmatici. Il padre in particolare tendeva a sottrarsi dal discorso palesando che si trattava di vecchie storie, che non era il caso di farle ricomparire. A Giacomo però sembrava che quelle storie, per quanto vecchie, fossero in grado di rovinare il presente. Sentiva l'animosità diffondersi negli atteggiamenti dei suoi genitori, nel modo in cui si rivolgevano la parola.

Quella sera in giardino, fra i suoi amici, non riusciva a non pensare agli occhi di sua madre.

L'aveva colta allontanarsi più volte, come se stesse poco bene. Ed in una di quelle volte, inquieto, decise di entrare in casa per scrutarla. Dalla stanza da letto dei suoi genitori sentì arrivare ammonimenti soffocati. I suoi genitori parlavano di un medico, di una coercizione, di un crimine, di un bambino; tutte cose che gli fecero solo venire un capogiro e che per poco non gli fecero perdere i sensi. Entrò in camera gemente, madido e col cuore in gola e chiese un chiarimento, ma i genitori confusi dalla vista del figlio, si spaventarono, e il padre che si era sempre dimostrato inflessibile e senza cuore si accasciò sul parquet e iniziò anche lui a vagire come un fantolino implorando la sua clemenza e invocando in ginocchio il perdono alla madre. Appena i toni si furono calmati, la madre disse al figlio di sedersi e di starla ad ascoltare senza interromperla perché doveva dirgli una cosa molto importante. Il segreto che nascondevano da anni li stava prostrando e non potevano più tenerlo nascosto.

«Quando io rimasi incinta, la seconda volta, e tu avevi compiuto da poco tre anni tuo padre si trovò ingiustamente implicato in qualcosa di molto pericoloso che aveva a che fare con un grosso lascito. Tuo padre fece un atto notarile che portò un delinquente a scapitare una grossa parte di questa eredità e lui per ritorsione disse a tuo padre che gli avrebbe sottratto il figlio. Ti avrebbe portato via da

noi durante una notte e che noi non avremmo potuto farci niente per sabotarlo. Quando tuo padre me lo disse per me fu un colpo al cuore; pensammo più volte di scappare e lasciare il paese, ma poi pensammo che uomini come lui non agissero da soli, così non andammo nemmeno alla polizia. Tu ti chiederai che se sei ancora con noi è perché risolvemmo tutto in altro modo. Andò così, ma non fu una vero e proprio espediente. Gli umori in casa erano a pezzi; io e tuo padre non ci parlavamo più, non dormivamo più assieme ed evitavamo anche solo di guardarci. Io continuavo la mia gravidanza rischiando più volte di abortire a causa dell'inquietudine. Quell'uomo continuava ad intimidirci ribadendo che ci avrebbe dato ancora poco tempo per consegnarti a lui senza creare complicazioni, simulando alla sua maniera una tua scomparsa. E fu durante una di quelle notti che tuo padre ebbe l'idea.

Venne da me e mi disse di fare uno scambio, di dare il bambino che stava per nascere al posto tuo.

A me sembrò una manovra inuma; quella notte vomitai tutto quello che potevo avere nello stomaco e mandai via tuo padre minacciando che sarei scappata con te e il piccolo che portavo in grembo. L'indomani, dopo una notte sveglia a rimuginare qualsiasi altra soluzione, andai da tuo padre e gli dissi di fare in modo che al momento del parto io sarei rimasta incosciente. Non potevo pensare di stare sveglia nel momento in cui qualcuno avrebbe portato via mio figlio. Gli dissi che non volevo sapere nemmeno il sesso, niente! E aggiunsi anche che odiavo lui con tutta me stessa per non essersi battuto e addirittura ucciso per il bene dei miei figli.»

Una volta che la madre ebbe finito di rivelare i fatti, Giacomo rimase tramortito per qualche secondo senza sapere cosa dire né cosa fare. Poi ad un tratto iniziò a vociare così forte che sembrò che il tempo potesse tornare indietro. Ovviamente la festa venne annullata e da quel momento in poi il ragazzo non fu più il dolce figlio acqua e sapone, che diceva per favore ad ogni domanda e grazie ad ogni risposta. Quel Giacomo morì quella notte nella camera dei suoi genitori e solo un vuoto immenso lo accompagnò per il resto della sua vita.

13.

«Giacomo, hai visto che la rosa che mi hai elargito per il nostro sesto anniversario si è mantenuta fino ad oggi? Secondo me, se non le facciamo prendere troppa polvere supererà gli altri sei mesi e me la potrai regalare nuovamente per il settimo. Sarebbe molto tenero, proprio come succede nei film romantici...»

Con quell'espressione nella testa Gaya continuava ad elaborare i bigliettini di Natale da far recapitare ai parenti meno tecnologici che non avevano internet, mentre agli altri aveva inoltrato la sera prima qualche mail o messaggio di testo via cellulare. Quasi tutti gli stilati li avevano concepiti unitamente qualche giorno prima dinanzi ad una tazza di caffè nel pub sotto casa.

Giacomo nel frattempo stava riordinando casa perché nel pomeriggio avrebbero fatto gli ultimi acquisti natalizi e la sera ci sarebbe stato Arturo a cena.

Dopo qualche ora lei aveva finito di stendere gli auguri e restava solo di spedirli mentre lui aveva pulito e assestato casa. Avevano deciso di pranzare fuori per non perdere altro tempo ed erano andati a mangiare della pizza in una friggitoria egiziana che si trovava nelle vicinanze del loro palazzo. Era qualche giorno, oramai, che tra i due andava piuttosto bene. La domenica precedente crano anche riusciti ad andare ad Orvieto dove lei non c'era mai stata. Dopo aver mangiato un paio di tranci a testa e buttato giù due mezze naturali, avevano scelto di non chiudersi in uno dei tanti centri commerciali sparsi per la città, ma di andare verso Via del Corso e infilarsi nello scompiglio natalizio del centro.

Come al solito gli autobus nella capitale erano sovraffollati di passeggeri e anche in quello in cui erano loro non si respirava affatto. Afrori di scarpe, ascelle, alito si mescolavano all'olezzo di cibo che veniva dalle buste della spesa. Il centro di Roma a Natale sembrava quasi surreale. Dinanzi all'Altare della Patria il Sindaco aveva fatto sistemare un gigantesco albero addobbato, e in Via del Corso le luminarie esibivano i colori della bandiera italiana per più di un chilometro e mezzo. Insomma, sembrava di stare in un mega presepe dell'età moderna.

I regali rimasti da comprare non erano numerosi ma era bello prendersi del tempo per andare a zonzo. Per loro era un vero e proprio rituale, come lo era lo scambio dei loro doni. Dal primo Natale trascorso insieme, infatti, avevano deciso che non avrebbero aspettato la notte del 24 per scambiarsi i propri regali, ma che a partire dal primo giorno di dicembre ognuno dei due poteva scegliere, a sorpresa, sia il momento che il luogo per poter dare il proprio pensiero all'altro.

Fu così che la sera del dieci dicembre Giacomo aveva chiamato Gaya a fare una doccia insieme e dopo aver fatto l'amore aveva tirato fuori da un sacchetto un completo intimo rosso chiedendole di indossare solo quello per la cena.

Gaya, invece, aveva scelto qualcosa di più sentimentale. Qualche sera più avanti aveva telefonato a Giacomo chiedendogli di passare da casa prima di raggiungerla al ristorante perché aveva scordato di accostare la finestra del bagno. Arrivato a casa, era stato colpito da un odore inebriante di incenso. Il corridoio e il soggiorno erano illuminati dalle fiammelle di parecchie candele, che gettavano ombre sensuali sulle pareti. Al centro della stanza, sul tavolo apparecchiato per due, c'era una scatolina con accanto un bigliettino.

«Il tempo che trascorro senza di te è come quello che trascorro senza il mio respiro, auguri di Buon Natale, tua Gaya»

Dentro l'involucro trovò un orologio e subito dopo Gaya sbucò da dietro le sue spalle con la cena in mano. Da quella sera sembrava che qualcosa di insperato fosse successo alla loro relazione, tanto che l'uscita per i doni era stata una scelta concordata senza troppi intoppi.

Nella maggior parte dei casi, però, era Gaya che entrava nei negozi mentre Giacomo aspettava fuori a fumare. Quel bailamme lo rendeva nevrastenico e il caldo che era presente nei negozi lo inaspriva a tal punto che avrebbe preferito comprare il suo vestiario senza nemmeno provarlo nei camerini. Dopo qualche ora e qualche sigaretta di troppo Giacomo aveva detto alla fidanzata che non sarebbe arrivato alla cena sano e salvo se fossero rimasti ancora in centro a fare shopping. Così Gaya aveva optato di farlo andare in anticipo via e di ultimare i regali da sola. A lui sembrava sgarbato andarsene così, per cui aveva deciso di aspettarla alla fermata dell'autobus mentre lei ultimava i suoi giri. Bastò una manciata di minuti in più perché Giacomo finisse il pacchetto di sigarette e lei gli acquisti. Lui si diresse in fretta e furia verso un tabacchi mentre lei raggiungeva la sosta dell'autobus. E fu alla fermata che lei venne accidentalmente spintonata da Luca che camminava lungo la via come un dissennato furente.

«Luca, ma sei scemo? Stai sbattendo contro tutti come una ruspa!»

Luca effettivamente non se ne era proprio accorto; mentre avanzava, aveva dato diverse spinte, una in più o in meno non gli avrebbe di certo cambiato la vita.

Ma quando si era girato e distinto che era Gaya, aveva cercato di giustificarsi nei modi più improponibili.

«Va bene Luca, scuse accettate. In fondo non è successo niente di così rilevante.»

«Invece sì Gaya! Al contrario direi. E' successa una cosa imperdonabile! Non lo puoi nemmeno concepire...»

«ma che...»

«quella troia!»

Gaya aveva cercato di placarlo ma senza ottenere nessun effetto.

«Ho scoperto sul telefono di Giulia alcuni messaggi di un tipo con cui si sta vedendo di nascosto da più di due mesi ed io non riesco a mandarla giù. Quella troia non può farmi una cosa del genere, umiliare il sottoscritto, Luca il marchese, non esiste proprio! Io la prendo a calci nel culo e le faccio sputare dalla bocca tutti i soldi che mi ha estorto, compreso quelli per il dentista, brutta stronza...!»

La gente che passava lo scantonava timorosamente perché dava l'impressione di un tossico che cercava dei soldi per comperarsi la dose. Era rosso paonazzo e madido di sudore e aveva un rivolo di saliva bianca ai lati delle labbra: effettivamente era un po' ripugnante.

Anche se Gaya lo avrebbe voluto steso a terra per quanto lo disapprovava come essere umano, nel vederlo così scombinato aveva cominciato ad allarmarsi. Così era entrata in un bar per farsi fare un caffè senza zucchero, ma quando era uscita aveva trovato Luca accasciato in terra mentre un gruppetto di curiosi gli stavano intorno ostacolandogli la visuale. A quel punto la ragazza aveva telefonato al fidanzato e insieme lo avevano portato in una via più isolata a pochi minuti da lì. Si erano seduti su una panchina e dopo una rapida occhiata al compare Giacomo era arrivato alla conclusione che doveva mettergli due dita in gola e stimolargli il conato. Per fortuna c'era una fontana lì vicino, così dopo aver vomitato anche l'anima, Luca era rinsavito ed era riuscito anche a darsi una lavata. Gaya gli stava a distanza perché quel puzzo di rigurgito che aleggiava intorno a lui l'aveva innervosita ricordandole le molte volte in cui lei aveva soccorso Giacomo per lo stesso motivo.

«Giacomo! ricordi sì? Che tra breve dovrebbe arrivare Arturo a casa nostra e noi siamo qui con questo infermo di mente in stato di shock. Ma chi cavolo me lo ha mandato!? Ma è possibile che appena le cose sembrano andare bene sbuca lui da qualche fogna? Sembra quasi che ci talloni!»

«Ti scongiuro, valuta in che condizioni è. Non possiamo mollarlo così, dobbiamo portarlo a casa con noi».

«Ma tu sei scimunito, ti sei bevuto forse il cervello con tutta la cannuccia?! Lo sai che loro due si detestano. Io non glielo dico ad Arturo che stasera a cena ci sarà anche Luca. E' tuo amico, per cui stavolta te la sbrogli da solo...»

Giacomo dopo aver farfugliato qualcosa al telefono con l'amico era riuscito a convincerlo ad esserci comunque alla cena.

«Tranquillo Giacomo. E' vero che Luca non mi fa impazzire, ma in fondo è grazie a lui che ho trovato lavoro che faccio. In fondo gli sono debitore».

«Arturo, sei un grande. Grazie. E comunque se Luca comincia a dar di matto ti prometto che lo mando di filato a casa».

«Intanto muovetevi ad arrivare, che sto morendo di fame!»

Per fare più veloce, i ragazzi avevano deciso di chiamare un taxi, e Luca, per ringraziarli del soccorso, e per le sue solite manie di grandezza aveva insistito per pagare loro la corsa

«Mi sembra il minimo, caro idiota di un marchese...»

aveva borbottato Gaya salendo in macchina sul sedile accanto al conducente. Il solo pensiero di poggiare il suo culo accanto a quello di Luca le aveva provocato l'ardore di aprire lo sportello e scaraventarlo fuori; così dopo aver dato una testata allo sportello del taxi, Luca era riuscito finalmente a prendere posto, e come se fosse stato sedato si era addormentato.

La città era un quarantotto perché durante le feste di Natale i mezzi di trasporto erano inesistenti. Sembrava di stare in una giungla attraversata da animali a motore; gli autobus che passavano erano così colmi che le persone venivano quasi sputate fuori dai finestrini aperti e la fila alle fermate dei taxi sembrava quella dinanzi all'entrata del Louvre. Motocicli e persone facevano da contorno e sembravano tante formiche impazzite a caccia dell'ultima mollica di pane caduta dal tavolo durante il pasto. Con grande fatica il tassista era riuscito a portarli via da quel flipper umano e in poco più di mezz'ora si erano trovati sotto l'abitazione. Arturo per fortuna non era ancora arrivato, per cui i due avevano caricato Luca in ascensore, e Giacomo lo aveva aiutato a farsi una doccia e a riprendersi. Dopo un'altra manciata di minuti, Luca si era finalmente deciso ad uscire dal bagno e ad andare verso la cucina. Si sentiva lo stomaco fuori uso ma aveva in gran parte ripreso le facoltà cerebrali. Gli altri tre stavano già chiacchierando in cucina e dopo qualche pacca sulle spalle si era seduto fra loro. Stranamente non c'era puzza di tabacco in quanto la prima regola di casa annunciava che in presenza di ospiti bisognava fumare fuori.

Dopo l'occhiata di Gaya, anche Luca aveva capito senza parole quale fosse quella direttiva e così per fumare dovette alzare il culo e andare sul poggiolo.

Luca, intanto, continuava a trafficare col suo cellulare fino a quando non lo aveva chiamato la madre per chiedergli cos'era successo visto che era sparito da due giorni e non aveva risposto nemmeno ad una sua chiamata. L'intruso era così infastidito dalla voce della donna che le aveva solamente detto che non erano affaracci suoi e che quella sera non sarebbe nemmeno rientrato a casa, avrebbe dormito fuori dai suoi amici.

L'occhiata furente di Gaya era stata così eloquente che Giacomo si era sentito a disagio malgrado fosse a casa sua.

«Io non sapevo niente di questa cosa, Gaya. Te lo giuro»

aveva biascicato Giacomo a bassa voce, cercando di giustificarsi

«io non mi sarei nemmeno sognato di dirglielo»

Arturo dall'altro lato era rimasto sbigottito e gli era anche uscito un risolino di sfottò.

«Se tu non ne sapevi niente, figurati io! Ma io non dormo in casa con questo tizio in giro a meno che non si fermi anche Arturo!»

Aveva inveito Gaya indicando l'amico. Ad Arturo era andato di traverso l'acqua che stava bevendo.

«Ma che siete matti tutti e due? E che c'entro io adesso?»

Poi si era alzato di scatto

«vado in bagno ad asciugarmi, mi è caduta tutta l'acqua addosso»

Giacomo, incapace di ragionare, gli era andato dietro, e dopo varie implorazioni era riuscito a persuaderlo.

«Ascolta Giacomo, resto solo perché hai due divani letto, altrimenti non ci sarebbe stata storia. Ti comunico però che se durante la notte Luca

continua a vaneggiare, mi scordo che mi ha segnalato il lavoro, mi dimentico che è amico tuo e lo soffoco col cuscino dopo averlo preso a testate. Sai che lo faccio. Giacomo devi imparare una volta per tutte e sai quante volte ne abbiamo parlato che i casini che combinano i tuoi amici li devi lasciare fuori da questa casa, sempre se vuoi ancora salvare il tuo rapporto con Gaya. Io cerco di starvi vicino, ma tu sai bene come la penso in tal senso, no? Per indole cerco di non giudicare o criticare nessuno dei due, ma quando è troppo è troppo e credo che se anche tu fossi sincero con te stesso lo ammetteresti. Comunque non ti preoccupare che se lui, per quanto mi riguarda, sta con due piedi in una scarpa, la serata sarà comunque carina e voi starete tranquilli»

Luca era troppo stanco anche per sparare cavolate, per cui eseguiva gli ordini di Giacomo come se fosse il personaggio di un videogioco comandato a distanza. Per tutta la cena solo Luca aveva fumato sul balcone e nessuno aveva toccato un goccio di alcol. Arturo era riuscito a ridimensionare molte azioni e aveva dato anche molti calci negli stinchi a Giacomo sotto il tavolo. Gaya invece, per tutta la serata era rimasta distaccata ed indocile. Aveva le gote così rosse che tutti durante la cena avevano pensato che da un momento all'altro le sarebbe venuto un coccolone. Dopo cena Luca si era addormentato sulla sedia di vimini sul poggiolo, mentre Gaya e Arturo, avevano deciso di spostarsi in soggiorno ed accendere la televisione per rompere il silenzio che era sceso sulla serata.

Giacomo, invece, era rimasto in completo silenzio in cucina a riordinare, e lucidava i fornelli come fanno gli assassini sul luogo del delitto per non lasciare tracce. L'altro fuori continuava a russare sul sedia e Giacomo per un attimo aveva avuto l'impeto di legarlo e sprangare le imposte. Ma in fondo gli voleva bene e non se la sentiva di trattarlo peggio di un cane.

«Giacomo tu sei uno sciocco peggio dei tuoi compari e loro lo sanno, specialmente Luca lo sa. Che appena apre bocca tu scodinzoli. Il tuo difetto più grande caro mio Giacomo è che non conosci il significato della parola distinzione. Tratti le persone allo stesso modo senza capire bene i diversi ruoli. Forse se non te ne fossi ancora accorto io sono Gaya, la ragazza che si è trasferita in Italia per stare con te e non con una marmaglia di randagi traviati; io sono quella che dinanzi a te e a mia madre ti ha sempre dato giustizia senza battere mai ciglio...»

Giacomo aveva capito che in quella occasione era accaduto qualcosa di ineluttabile tra lui e la fidanzata, che lei non gli avrebbe lasciato correre con tanta semplicità; ma non aveva la ben che minima idea di come fare per agire in maniera diversa e venirne fuori senza troppi compromessi.

Ebbe la brama di scaraventare tutti e due fuori casa, anche il povero Arturo che non c'entrava niente, e andare nell'altra camera ed in ginocchio chiederle perdono, implorarla di andare insieme in camera da letto e fare un'altra volta l'amore. Aveva bisogno di lei, un bisogno profondo. Ma questo suo modo di esortarla avrebbe comunque prodotto in Gaya l'effetto opposto, si sarebbe irritata ed estraniata. Vederla così: mutarsi da amica, amante e ragazza che lo desiderava, a una donna disinteressata che non lo avrebbe più amato, era angoscioso. Avrebbe preferito lasciarla subito piuttosto che arrivare a quell'effetto. Ma doveva convertirsi. Questo titubare l'avrebbe stremata, anzi, forse l'aveva già logorata. Con la testa nuovamente in panne decise di raggiungere loro in soggiorno e di colpo aveva avvertito una rivalità violenta ghermirgli il petto

«..ma che accidenti state combinando voi due - tu Arturo cosa stai facendo - Gaya è mia lasciala stare - se ha bisogno di qualcuno o necessità di qualcosa ci sono io qui – basta - non ti resisto più - lo sapevo io che la tua unica mira sarebbe stata quella di portarmela via - lei non mi desidera più perché ama te e tu invece come rispetti un amico che ti ha recuperato un lavoro - siete entrambi ripugnanti, ma tu più nauseante di lui - tante, troppe parole dolci e mi ricambi in questo modo - sicuramente non conosco il concetto di parlare ma indubbiamente

non mi comporterei così - vi disprezzo - vattene via da casa, all'istante...»

Giacomo non poteva credere a quello che stava per fare. Era arrivato a tanto così dal commettere il pasticcio più grande della sua misera esistenza.

Per fortuna si era bloccato in tempo, sulla porta del soggiorno.

Arturo stava guardando un programma di cucina alla televisione, mentre Gaya stava sonnecchiando sul bracciolo dell'altro divano. Fu così che con una stretta al cuore Giacomo l'aveva presa tra le sue braccia come una bambina e l'aveva portata in camera per metterla a letto. Con circospezione le aveva sfilato i sandali, la gonna, la camicetta e toccandola appena con le labbra bagnate un pò ovunque l'aveva avviluppata in un coltrone, sussurrandole all'orecchio che sarebbe ritornato molto presto.

Intanto Arturo era passato a controllare Luca sul poggiolo. Per un attimo anche lui aveva avuto la brama di lanciarlo sotto, ma poi aveva pensato che non sarebbe servito a risolvere i loro problemi, per cui lo aveva chiamato per dirgli di andare a letto. Giacomo era ritornato da loro con lenzuola, cuscini, coltrone e due t-shirt da utilizzare come pigiama. Mentre Luca continuava a cincischiare in bagno, Giacomo ne aveva profittato del momento per raggiungere Arturo in soggiorno e ringraziarlo. Senza di lui la serata sarebbe finita in un altro modo, molto male. Era stato solo grazie alla sua diligenza e all'ascendente che aveva su Gaya che le cose si erano in qualche modo sistemate. Giacomo si augurava che, col suo modo limpido di comportarsi, l'amico sarebbe riuscito anche il giorno dopo a farla rabbonire.

Infine dopo la trafila al bagno tutti e tre erano riusciti a darsi una rinfrescata e a prepararsi per la notte. A Luca era stato dato il divano più lontano dalla porta, cosicché non potesse svegliarsi e alzarsi senza che Arturo lo sentisse. L'appartamento, molto presto era mutato in un luogo raccolto e mesto. Le uniche luci che si vedevano confusamente erano quelle che oltrepassavano con violenza le fenditure delle persiane diffondendosi su muri e mobilio come fari notturni. Non c'era nemmeno un orologio che ticchettava. Nel cuore della notte si ritrovarono tutti e quattro silenziosamente svegli. Ognuno di essi fissava il soffitto in segretezza senza fare rumore per timore di destare l'altro; ognuno in sordina rimuginava ai fallimenti della propria vita e cercava di capire a come si era potuti arrivare fino a quel punto di tumulto e disorientamento. Tutti e quattro in quella serata erano stati messi a dura prova e chi più chi meno era uscito sconfitto dalla battaglia per la vita; ciascuno sperava in qualcosa di buono, ciascuno ambiva ad un cambiamento, ma nessuno si sentiva veramente capace di fare ciò. Tutti e tre si sentivano parte indispensabile della vita di Giacomo ma lui contrariamente non si sentiva confarsi alla vita di nessuno.

14.

«Ecco i loro sguardi su di me, chissà cosa penseranno: Giacomo si è ammattito, Giacomo si sta beffando di noi, Giacomo per il suo diciottesimo compleanno vuole improvvisare uno spettacolo. Ma invece no, voglio solo che andiate via e mi lasciate da solo! Eccomi, parlo, sto per parlare.»

«Amici, parenti, sono qua, sopra il terrazzo, potete ascoltarmi per favore? Lo so che vi sembrerà assurdo come lo è per me tutto ciò, ma purtroppo la festa non potrà svolgersi in questa serata. Poco fa ai miei genitori è arrivata una triste notizia e non se la sentono di partecipare ai festeggiamenti. Faccio le mie scuse anche per conto loro, ma vi chiedo gentilmente di tornare a casa e lasciarci da soli. Appena si riprenderanno dall'accaduto vi chiameranno uno per uno e vi chiariranno la situazione. Buona notte»

Lo zio Fulvio, arrivato in quell'istante, non riusciva a capire cosa stesse succedendo. Nel giardino c'era un parlottare generale; gli ospiti avevano un'espressione strana e malignavano fra di loro senza controllo.

«Ma sarà morto qualcuno»

«Forse è successo qualcosa ai parenti in Australia!»

«Ma Giacomo è impazzito?»

«Perché non loro? Mandare fuori un ragazzino di diciotto anni mentre loro si segregano in casa»

Con gli occhi verso la loggia vide Giacomo in piedi che contemplava dritto dinanzi a sé. Provò ad invocarlo ma non ebbe nessuna risposta. I suoi occhi apparivano senza vita, come se qualcuno l'avesse defraudato della sua anima.

Fulvio fu preso da uno strano presagio e corse al piano di sopra per riunirsi al nipote. Ma prima di raggiungere l'uscio sentì uno strano lamento che veniva dalla camera da letto. Spinse la porta, che era socchiusa, e trovò i genitori di Giacomo stesi in terra in lacrime

«Ma cosa sta succedendo qui?»

Malgrado i suoi sforzi non riuscì a scuoterli dalla loro disperazione. Allora si diresse verso il terrazzo e trovò il nipote, ancora lì, fermo come un nuotatore pronto per il grande tuffo olimpionico. Gli si avvicinò e cercò di scuoterlo ma fu inutile. Giacomo cadde a terra come se l'unico filo che lo stava tenendo in piedi si fosse spezzato. Avviluppato sul pavimento piangeva come un infante. Fulvio non sapeva cosa fare, non riusciva a capire cosa fosse successo in quelle mura di casa. Sapeva solo che in quel momento tre delle persone che gli erano più care stavano vivendo qualcosa di terribile. Quanto spaventoso lo capì poco dopo, quando sua sorella li raggiunse e Giacomo la investì di impropri e strepiti.

«Io non mi voglio placare! No, no, no; io posso e voglio solo disprezzare chiunque ed odiare me

stesso. Ma come sia stato possibile non riesco a capirlo, sotto i miei occhi, sotto il mio naso, ma chi altro lo sapeva? Spero nessuno! Tu Fulvio? Dimmi di no, non potrei accettare anche questo, non da te. E voi, voi non avete smarrito un figlio, ne avete persi due! Non voglio darvi la possibilità di giustificarvi. Basta! Non voglio andare avanti a sproloquiare come un alienato ma non voglio nemmeno ammattire; voglio solo trovare il coraggio per allontanarmi da questo luogo costruito su mattoni di menzogna.»

Fulvio agguantò Giacomo per un braccio e lo trascinò al piano di sotto esortando la sorella a rientrare in casa e andare a cercare il marito. Mentre scendeva le scale lo zio cercò di mettere in ordine le idee e capire cosa fosse successo. Alcune presenze in casa lo avevano da sempre insospettito, così come quell'aborto. Aveva sempre pensato che ci fosse stato qualcosa di misterioso, visto che la gravidanza era andata bene fino alla fine e la sorella non aveva avuto nessun tipo di complicazione per tutta la durata della stessa. Ma solo ora aveva capito.

Giacomo era totalmente languido, senza forze, un rivolo di saliva gli scendeva dalla bocca. Fulvio non seppe far altro se non scusarsi per non aver capito niente e aver lasciato che tutto succedesse sotto il suo controllo. Giacomo era troppo sfinito per insorgere, la sua unica cupidigia era quella di lasciare il paese il più presto possibile, anche rapidamente. Ma lo zio con grande esperienza, come fa un padre, lo persuase ad andare a casa sua per ragionarci insieme.

Si ficcarono in macchina lasciandosi alle spalle un'abitazione distrutta dalle imposture e due genitori che sembravano pronti per essere giustiziati.

Prima di andare verso casa dello zio, visto che c'era ancora molta gente in strada e la notizia aveva già fatto il giro di ogni abitazione, Fulvio scelse di portarlo lontano dal paese per farlo rabbonire. Decise per una spiaggia isolata a qualche chilometro di distanza, dove a quell'ora non ci sarebbe di sicuro stato nessuno. Giacomo per tutto quel tratto di strada non rivolse nessuna parola allo zio e non lo guardò nemmeno, somigliava a un fantoccio di pezza. Una volta scesi dalla macchina l'aderenza con la sabbia fredda e umida gli dette un senso di brivido lungo tutto il corpo che gli procurò un riflesso inaspettato; allontanò lo zio e gettò un urlo così forte e lungo che per poco non si spaccarono i vetri della vettura. Lo zio molto più sgomentato di prima gli si avvicinò e se lo strinse al petto senza lasciarlo andare, nonostante Giacomo continuasse a percuoterlo e ad inveirgli contro concetti insensati. Dopo minuti che sembrarono infiniti Giacomo iniziò finalmente a placarsi e ad arrendersi alla presa dello zio. Fulvio aveva gli occhi lucidi e il cuore che batteva a duemila ma non voleva darlo a vedere. In quel momento il nipote aveva bisogno di tutto il suo vigore. Continuò a stringerlo e a coccolarlo come quando era piccolo finché Giacomo, sfinito, si addormentò.

«Devo assolutamente chiamare i miei amici di Roma. Giacomo non vuole restare ancora in paese e l'unico posto dove posso mandarlo è da loro. Ma perché gliel'hanno detto, che bisogno avevano? Hanno mantenuto il segreto tutti questi anni, non potevano continuare a farlo? Povero ragazzo, chissà se ancora è vivo. Ma dove sarà? Dove può averlo mandato quel bastardo? Io in che modo dovrò comportarmi adesso? Non mi importa della gente del paese, come non me n'è mai interessato, ma dei miei familiari sì. Loro sono tutto quello che ho. Giacomo mio, tu per me sei come un figlio e non ti lascerò buttare all'aria la tua vita. Prima di questa notte avevi dei progetti per il futuro, sappi che ti aiuterò a portarli a termine con o senza il loro aiuto. Se quando ti sveglierai ti vorrai nuovamente lasciare andare, io sarò qui a prendermi cura di te, lo giuro. Non ti deluderò come hanno fatto i tuoi genitori...»

Giacomo nel frattempo si era ridestato di getto, scorato da uno dei suoi soliti incubi.

Il bambino del sogno, però, stavolta si era fatto avvicinare e gli aveva teso la mano. Poi però era scivolato nel vuoto.

Appena capì, però, che si trattava di un brutto sogno e che lo zio era lì accanto a lui, si tranquillizzò, ma continuò a fissare il cielo stellato e con voce ancora traballante rivelò allo zio di come era stato male quando aveva inteso la vera radice dell'afflizione che traspariva dagli occhi dei genitori in tutti quei lunghi anni. Della verità che avevano occultato e dell'amarezza che gli avevano innescato. Lo zio d'altra parte non voleva che il nipote si agitasse, per cui cercò solamente di fargli capire che a volte la disperazione delle persone porta a eseguire operazioni che agli occhi degli altri possono sembrare illogiche e condannabili, ma solo loro stessi possono veramente capire la sofferenza. Continuò a ribadire che non discolpava i suoi genitori, ma intimamente li ringraziava per non averlo consegnato al posto del fratellino minore. Giacomo lo ascoltava in un mutismo assoluto. Poi, d'un tratto enunciò, che l'unica cosa di cui era sicuro era quella di voler lasciare il paese e andare il più lontano possibile. Aveva pensato addirittura di utilizzare i suoi risparmi per raggiungere la cugina in Australia. Lo zio preso dallo sconforto di poter perdere il nipote cercò di fargli cambiare idea proponendogli la soluzione dell'università a Roma, un'ipotesi di cui avevano parlato molte volte durante i momenti della pesca. L'indomani, nel caso, avrebbe chiamato i suoi amici che vivevano lì per avere qualche indicazione. A Giacomo parve una buona alternativa, specialmente perché nello stato in cui si trovava non se la sarebbe sentita di affrontare un viaggio così lungo per andare dall'altra parte del mondo.

Chiarito il tutto decisero di lasciare la spiaggia per andare verso casa dello zio che si trovava dal lato opposto del paese. Quello era un luogo dove Giacomo aveva trascorso molto tempo e dove si sentiva parte integrante di ogni ambiente o suppellettile. Quando la moglie era morta, Fulvio per sconfiggere il dolore della sua assenza si era circondato di animali. Aveva iniziato col prendere un cane trovatello ed aveva finito col possedere due cani, tre gatti, qualche gallina e un coniglio. Si era creato un habitat dove gli animali avevano la stessa considerazione dell'uomo.

Arrivati dinanzi alla cancellata Fulvio azionò il telecomando e in un batter d'occhio si aprì prima il cancello, poi si accesero le luci ed infine la casetta venne illuminata.

Entrarono in giardino e una volta sceso dalla macchina, Giacomo andò subito a salutare Arix e Toffee; un rituale che aveva già eseguito centinaia di volte. Appena lo videro le due bestiole iniziarono a scodinzolare saltandogli sulle gambe e leccandolo sulla faccia. Giacomo prima di tallonare lo zio dentro casa rifletté sul fatto che quel luogo gli sarebbe mancato in particolar modo e che era impaurito da quello che lo aspettava.

Nel frattempo in cucina lo zio mise a bollire l'acqua per il the. Si chiedeva come fare con i genitori di Giacomo, non voleva che si intromettessero nella sua decisione. Con le tazze fumanti ancora in mano si sedettero sul divano per parlare

«Io adoro questa casa sai zio, amo gli odori, i colori e i sapori di tutto quello che prepari; oltre a te credo sarà la cosa che mi mancherà di più di questo paese».

La cucina e la sala sagomavano un ambiente unico che era il punto focale dell'abitazione, dove Giacomo si era rifugiato spesso in passato, scansando l'ostilità del padre e le troppe attenzioni della madre. Su quel canapè si era assopito parecchie volte nei pomeriggi in cui lo zio preparava gli attrezzi per la pesca.

«Ti regalo anche un mazzo di chiavi, così quando ti va mi vieni a trovare senza chiedermi il permesso e se non ci sono fai come se fossi a casa tua. In fin dei conti per me, questa è casa tua».

Nessuno dei due durante quella notte riprese il discorso del fratello rapito e dopo qualche chiacchiera la stanchezza arrivò come un macigno sui loro occhi. Giacomo si allungò sul divano e lo zio se ne andò difilato in camera sua. La mattina seguente Arix balzò sul canapè e con una vigorosa leccata lo svegliò, mentre lo zio era ancora in camera. Aveva due telefonate molto importanti da fare: la prima a casa dei genitori per parlare con la sorella e la seconda alla sua amica Alberta a Roma.

Ovviamente non poteva fare la seconda telefonata senza prima avere avuto un riscontro positivo dai genitori.

Con suo grande stupore, però, la madre di Giacomo acconsentì alla scelta fatta dal figlio. Sembrava anzi più fiduciosa: il figlio sarebbe stato comunque sotto controllo. E forse un giorno li avrebbe potuti perdonare. Poi fece la seconda telefonata ed ottenne anche in quella circostanza il consenso dell'amica.

«Giacomo, è tutto a posto. Ho chiamato prima tua madre e poi la mia amica e sono entrambi d'accordo perché tu vada a Roma. Ma ho anche un'altra bella notizia che ti darà il giusto stimolo per prendere di petto questa nuova esperienza. Forse non te l'ho mai detto, ma Alberta dopo tanti sacrifici è riuscita ad ottenere i permessi per aprire e gestire un canile in una zona periferica di Roma. E se tu ne hai voglia, puoi iniziare a fare un po' di volontariato affinché non inizi i corsi all'università...»

Giacomo sorridendo prese gli arnesi per la pesca e andò verso la macchina. Lo zio aveva solo due posti nei quali gli piaceva andare a pescare e in quel giorno decise per quello più lontano dal paese dove la probabilità di incontrare conoscenti era molto bassa. La strada che portava alla spiaggia presentava un vialone alberato, da un lato delle grosse palme e dall'altro dei pini, per cui l'aria era un po' fresca. Dai finestrini abbassati entrava così tanta brezza in macchina che Arix e Toffee, che stavano sui sedili posteriori, giravano su se stessi come delle trottole impazzite. Una volta giunti sulla battigia, lo zio disse al nipote che si sarebbe potuto rilassare e che se avesse voluto poteva tranquillamente fare il bagno o giocare con i cani, mentre lui preparava le canne. E gli disse inoltre che se non se la fosse sentita avrebbe potuto pacificamente oziare sulla spiaggia tutto il giorno. Giacomo accettò molto volentieri il consiglio dello zio perché in quella giornata non aveva tanta voglia di aspettare che qualche pesce abboccasse, avrebbe avuto troppo tempo per rimuginare agli ultimi avvenimenti successi. Faceva così caldo che Giacomo piantò anche l'ombrellone e spiegò i teli in terra, poi si sedette e iniziò ad ammirare il mare azzurro della sua terra. Intanto le bestiole si erano sdraiate all'ombra con un secchio di acqua a pochi centimetri dal loro muso. La quiete in quell'istante regnava sovrana; tutto intorno a loro era solo natura e pace; sembrava di stare in un museo, dinanzi ad un quadro impressionista. Tutti gli elementi che servivano erano lì in quel preciso momento: c'era un uomo adulto, un signore che si preparava ad una pesca abbondante; c'era un uomo giovane, un ragazzo che pensieroso si rivolgeva al mare affidandogli il suo destino e c'erano infine i cani, che accucciati sul suolo aspettavano che il loro padrone gli comandasse qualcosa. Con quella sensazione di serenità e quei colori, era trascorsa tutta la mattinata e Giacomo insieme agli amici a quattro zampe, era riuscito sia a giocherellare che a fare un paio di bagni, mentre lo zio aveva pescato qualche aguglia e qualche latterino.

«Per questa sera abbiamo da piluccare, ma nel pomeriggio ho in programma di prenderne degli altri».

Nel pomeriggio, dopo aver ingerito qualche michetta, continuarono a pescare e arrivarono a sera che avevano il secchio quasi colmo, con un chilo di pesce circa; tra aguglie, latterini e orate. Durante la strada di ritorno Giacomo rifletté sul fatto che da lì a qualche giorno avrebbe abbandonato per sempre il suo paese tanto amato e che se non fosse successo una cosa così forte da accettare, forse, non se ne sarebbe mai andato. In fondo lui era particolarmente devoto alle sue origini e fino a qualche giorno prima era attaccato anche alla sua famiglia. Ma adesso che quel legame si era spezzato per sempre non aveva nessun motivo per rimanere lì.

Il sole aveva dato alla testa un po' a tutti e due e l'abbronzatura da pescatore oramai si era tatuata sui loro corpi, ma nonostante ciò decisero di cuocere il pesce sulla griglia in giardino e di godersi la serata al fresco. Dopo la cena e in seguito a tante suppliche da parte del nipote e tanti dinieghi da parte dello zio, per la prima volta in vita sua si fumò una sigaretta e si bevve un bicchiere di vino.

«Dai zio, posso fumarmi una sigaretta con te? La mia prima voglio che sia in tua compagnia. Tanto ho deciso di vivere la mia vita senza pensare troppo alle conseguenze e senza avere paura di tutto. Lo farò a Roma, per cui non vedo la necessità di questa tua presa di posizione. Fammi festeggiare un compleanno a modo mio nonostante siano trascorse di già ventiquattro ore».

Giacomo prima di andare a letto rifletté sul fatto che si sentiva stranamente soddisfatto e serafico e reputò quella serata come una delle più belle fino a quel momento. Forse addirittura la più bella, non si ricordava niente del genere e per molti anni in avanti nel suo cuore quello restò uno dei momenti più emozionanti.

15.

«Non voglio stare da solo - vorrei mia mamma con me - ma se al suo posto venisse Gaya mi basterebbe - mi riposerei forse meglio - dallo zio Fulvietto no - ciao Luca - mi hai già perdonato e sei qui - non ci credo - grazie ma la tua faccia sta cambiando - è quella di un bambino con un corpo da adulto - che ridere - troppe volte mi hai fatto ridere Arturo - e dove sei sparito - possibile che quando ho bisogno di qualcuno resto sempre da solo - per fortuna che i miei due cuccioli sono qui accanto a me - ma vi devo fare il bagno al mare - dai prendete la canna da pesca - peschiamo un pesciolino - lo sapevo che saresti arrivato - che ci fai qui - nessuno ti ha detto di venire con papà - non voglio entrambi - io esigo solo Giacomo in uno specchio per potergli dire quanto è falsa la sua misera vita piena di persone che lo disprezzano e che lo cercano solo perché ha il cuore grande come un'anguria rossa con i semini neri neri come l'incubo in cui sta vivendo - sveglia se non vuoi stramazzare lungo la strada che porta dallo zio Fulvietto - ciao Gaya - un giorno ti ricorderai di me anche se pensi che io non ti ami più ti sbagli perché io ti ho sempre amata»

Giacomo si sveglia durante la notte con una fitta al petto e l'aria non gli passa più attraverso l'esofago; pensa sia arrivata la sua ora ma, invece, piano piano comincia a polarizzarsi prima sulle sue mani e sul suo corpo e dopo sul suo raziocinio e così una manciata di secondi più tardi si ristabilizza. Si siede sul lettone e cerca di capire come possa essere capitato tutto ciò, dopo che è stato bene negli ultimi giorni. Forse il vero punto è che non riesce a dire addio al fratello eclissato, non può pensare che non ci sia più. Prima che gli venga un altro attacco compone il numero di telefono e chiama la madre al paese che ovviamente gli risponde molto spaventata. La madre, anche se Giacomo non lo concede gli passa il padre al telefono e con qualche parola di incoraggiamento riesce a quietarlo, ribadendogli che se non se la sente di restare da solo può lui stesso infilarsi in macchina e andare a prenderlo per riportarlo da loro. Giacomo, suo malgrado, manifesta che non può far saltare gli impegni che ha nei prossimi giorni e che comunque lo ringrazia per la disponibilità. Così facendo prima di chiudere la conversazione gli ricorda che ancora gli vuole molto bene ed è contento di averlo risentito. Dopo questa telefonata Giacomo continua a non stare bene e a sentirsi soffocare, ma a quest'ora non sa nemmeno chi altro chiamare.

Per cui si alza per andare verso il poggiolo e una volta arrivato lì, il suo stato d'animo regredisce perché continua ad avere l'impulso di gettarsi nel vuoto. Rientra velocemente in casa e chiama lo zio raccontando cosa era successo poco prima con un tono scorato come se avesse visto un morto sullo stesso balcone. Lo zio cerca di risollevarlo ripetendogli che può, eventualmente, chiamare Alberta e lei o suo figlio andranno di corsa da lui. Ma Giacomo a quest'idea si sente ancora di più disorientato, per cui ostenta di sentirsi nuovamente bene e chiude la telefonata. Ma visto che questi attacchi seguitano, si arresta sul letto perché ha paura di fare qualsiasi gesto. Non si ficca sotto il getto di acqua ghiacciata perché teme di poter affogare e non corre giù dal letto perché crede che le sue gambe possano cedergli da un momento all'altro facendolo così arrivare direttamente in terra senza avere poi la lucidità di richiamare qualcuno. Per un istante decide di telefonare al pronto intervento ma cambia subito idea perché è convinto che se lo vedono in questo stato rischia di finire in psichiatria, per cui continua a stare rizzato sul letto in modo tale che la respirazione non gli rimanga bloccata in gola. Giacomo è consapevole che si tratta di uno di quei tanti attacchi da panico che ha subito in precedenza, ma questa volta sa anche che è diverso; lo deve, comunque, affrontare da solo senza ricorrere a palliativi. Gli passano per la testa e dinanzi agli occhi solo episodi ostili e persone che gli hanno generato del male. Per un attimo considera anche di interpellare Gaya a Barcellona e dirle quanto sente la sua mancanza e confessarle tutto; del suo stato d'animo dovuto alla scomparsa del fratello, delle notti insonni per via di quegl'incubi, di quello che prova per lei e del fatto che non riesca a dirglielo concretamente perché si sente goffo, e nel momento in cui prova a farlo gli si blocca l'aria nella gola non facendolo respirare. Vorrebbe riferirle tutto e dirle di ritornare da lui perché si sente morire e si sente come un uomo senza gambe. Poi ripensa ai precetti consigliati più volte dall'ex suocera e rinuncia a questa mattana; quella donna lo esecra e lui ne ha piena cognizione, lo abomina perché è italiano come lei e odia l'italianità insita nell'indole della figlia. Forse la signora Alvarez è sgomentata perché la figlia non riesce a scordarsi di lui, per cui sta agognando con tutte le sue forze di esacerbare ogni loro ricordo. Giacomo si sente veramente di vaneggiare e si augura di non superare la notte se il suo futuro debba essere così. Crede di non avere più aspettative e capacità di combattere per niente e nessuno, ed è furibondo perché non si può diventare adulti con questo tratto così fragile ed emotivo. Vorrebbe essere un *cyborg* e avere un battito meccanico, invece no. La genetica gli ha affidato un cuore sensibile come quello della madre in un corpo fragile come quello del padre, in poche parole il fallimento fatto persona. Alcune dottrine sostengono che le esperienze avverse raddrizzano anche i ferri più storti e arrugginiti, rendendoli duri e dritti come se fossero nati d'acciaio, ma Giacomo non crede a questa teoria. Anche in questa circostanza lui si sente l'eccezione alla regola. Sa solo che se il suo cervello non si blocca quanto prima avrà un colpo d'arresto senza ritorno.

Dopo qualche minuto riesce a socchiudere gli occhi senza muoversi dalla posizione in cui si trova e si assopisce. Qualche istante più tardi comincia a sognare di andare giù dal letto e senza appoggiare i piedi in terra inizia a muoversi come se stesse camminando. Attraversa i muri e le porte senza aprirle. Scende lungo le scale dello stabile e arrivato in fondo, dinanzi al portone si trova Arturo che indugia con una valigia di cartone in mano. Lo agguanta per mano e seguita il suo vagabondaggio in un percorso largo e lungo; incontrando in sequenza tutti i monumenti di Roma, ma lungo una spiaggia di palme e pini. Alla fine di questa duratura battigia lo zio lo attende con un pesce di plastica sotto braccio. Giacomo lo prende per mano e continua il suo viaggio senza sosta verso una ripida salita asfaltata, per arrivare poi dinanzi l'abitazione dei suoi genitori. Il padre e la madre sono mascherati come dei fantocci e tengono in braccio due poppanti di gomma; anche loro vengono afferrati dalla sua mano e continuano a camminare, ma questa volta il catrame muta in acqua. Continua a compiere questo prolungato pellegrinaggio e nel sogno ha l'impressione che siano trascorsi cento anni. Arriva dinanzi ad una rocca buia e tetra e, dall'enorme cancellata si avvicina Gaya assieme alla madre e una volta arrivate a pochi centimetri da lui, vede che entrambe sono piene di rughe e con i capelli incanutiti. Anche le figure che sono appigliate alle sue mani, ora, si sono avvizzite. Dal buio sbuca un'enorme specchiera e nel momento in cui la sua immagine si rivela vede solo un ragazzino, vede un Giacomo che è presente solo nelle fotografie, in casa della madre. Quel ragazzo che è rimasto imprigionato nel paese dei suoi cari.

Ad un certo punto Giacomo si ridesta dal torpore come se lo avessero spinto giù da un burrone e comincia ad avere il cardiopalmo accelerato; si alza, va dinanzi allo specchio con l'intenzione di dare una testata contro di esso, ma invece allenta l'acqua fredda e con le mani inzuppate comincia a darsi degli schiaffi abbastanza forti fino a che le gote gli diventano rosso sangue. A questo punto stramazza in terra e comincia a gemere per la contentezza perché si è cacciato dallo stomaco il senso di sopraffazione che lo stava cassando. La notte trascorre pigramente e Giacomo non riposa bene perché è terrorizzato di un potenziale attacco, rimane interdetto a letto ma tutto sotto controllo; ogni tanto socchiude gli occhi e sonnecchia per qualche minuto ma poi di getto si sveglia con l'impulso di aprire la bocca ma senza che gli succeda niente. Trascorre così quasi tutta la notte, fin quando arrivata l'alba si addormenta definitivamente in un lungo sonno, destandosi direttamente intorno l'ora di pranzo. I muscoli delle braccia se li sente così rattrappiti e quelli delle cosce così indolenziti che gli verrebbe voglia di starsene al letto tutto il giorno, ma non può perché oltre alle incombenze di lavoro deve terminare delle faccende prima di partire. Visto che non ha tanta volontà di uscire, sceglie di lavorare adesso al pc anziché in serata, per cui si prepara una tazza di the e si siede dinanzi la scrivania. Le idee da principio sembrano svaporate nell'oscurità della notte precedente, non ce la fa nemmeno a rievocare bene le linee guida del lavoro o il filo conduttore di cui aveva parlato col proprietario dell'area di progetto. Ma visto che è una cosa che può capitare spesso, questo suo senso di smarrimento, trascrive tutto su un blocchetto usando colori e matita, riuscendo ad annotarsi su dei semplici fogli A4 qualsiasi ragguaglio che gli necessiti. Questo tratto lo ha ereditato dal padre che col suo lavoro ha sempre fatto lo stesso rituale.

Non è in grado di lavorare al progetto per le quattro ore abituali, come aveva deciso qualche giorno prima, ma ci si dedica il giusto necessario per portare all'epilogo quella parte che aveva iniziato. Dopo qualche minuto arriva la telefonata di Clara, l'operatrice dell'agenzia viaggi che gli dice di ricordarsi di passare da lei appena può perché il giorno dopo andranno in ferie per tre settimane, per cui troverebbe l'agenzia chiusa. Giacomo dimentico di questo dettaglio si prepara con fatica ad uscire per passare a recuperare il suo biglietto.

Questi pochi giorni, prima del ritorno a casa, gli sembrano un'eternità. Li sta vivendo così a pieno che le giornate si affacciano lunghissime, decisamente non più di ventiquattro ore, ma di ventiquattro mila ore infinite, scandite dai dolori fisici, dallo stress, dall'urgenza di fumare, di bere e dalla tanta, tanta nostalgia che prova per Gaya. Si rinfranca perché una parte di se è convinta che dopo questo lungo ciclo di privazione, seguito dal ritorno in famiglia, lui riuscirà a superare tante piccole volubilità ed a risolvere tante piccole incertezze che ha verso se stesso.

In fin dei conti si sente un po' in colpa nei confronti dei suoi cari perché li ha tenuti lontano per quasi dieci anni ed è stato spesso in ansia per la paura che potesse succedergli qualcosa in quel lungo periodo di astinenza affettiva, e non li avrebbe mai più potuti rivedere o parlargli. Il fato però lo ha sostenuto e gli ha elargito quest'ultima opportunità che non ha nessuna intenzione di dissipare. Farà questo cammino di ritorno a casa come *Ulisse* verso la sua amata *Itaca*.

Così facendo, manda giù un bicchiere di latte e qualche biscotto e si prepara per andare dalla ragazza dell'agenzia per ritirare il biglietto. Si sente ancora sbatacchiato e demotivato e l'unica cosa a cui aspirerebbe, sarebbe quella di rientrare in casa e rimettersi al letto, ma si tedia al solo pensiero e allo stesso tempo vive un po' di ansia per quello che potrebbe succedere una volta rimasto solo; per cui visto che l'agenzia si trova di fronte ad una piccola piazza recupera una panchetta e ci si colloca sopra. A quest'ora i negozi stanno per chiudere ma non è ancora l'ora del crepuscolo, e nel centro del piccolo spiazzo ci sono alcuni bambocci che giocano sull'altalena e sugli scivoli. Qualche mamma lo soppesa in modo minuzioso perché a quest'ora sembra un po' strano che un ragazzo così giovane si sieda su una panchetta senza avere un bambino di cui occuparsi, ma per lui non ha importanza quello che si può giudicare. Si sente così svigorito che se arrivasse un circo e lo ingaggiasse nel ruolo di addestratore di leoni lui lo eseguirebbe senza battere ciglio.

Dopo queste dissennate valutazioni suicide si è fatto anche tardi, e visto che il buio e l'oscurità si sono fatti intensi e la gente inizia a rientrare, anche lui si alza e si avvia verso casa. A quest'ora il quartiere Marconi cambia aspetto; gli adulti e gli anziani si ritirano in casa mentre i più giovani zampillano per le strade; si innesca, quello che Giacomo chiama il polmone. Per lui la città di Roma per vari motivi si comporta come un grosso organo; la ressa che la smuove le restituisce vitalità dandole un aspetto quasi umano. Questo autorevole corpo che resta apparentemente fermo e inorganico prende vita e inizia ad alitare nel momento in cui gli esseri viventi si muovono al suo interno, esattamente lo stesso compito che ha il sangue nel nostro corpo. In questa specie di paradiso mentale e con tutta la trasformazione che è avvenuta intorno a lui si dirige verso l'abitazione, ma continua ad essere combattuto ed inizia la sua tachicardia.

«Ma è mai possibile che quelle schifezze che facevo entrare nel mio corpo, tutto quell'alcol e quel fumo, o addirittura Gaya erano le mie uniche ancore di salvezza?! Possibile che io da solo non riesca a riprendere in mano la mia vita ed andare avanti con questi nuovi obiettivi che mi sono prefissato?! Devo comunque provarci altrimenti resterò vittima delle mie stesse paure...»

Giacomo si ferma qualche minuto a parlottare col portinaio per mettersi d'accordo per il periodo in cui lui non ci sarà e l'abitazione sarà incustodita. In questo caso ne approfitta anche per chiedergli, se lo può disturbare durante la notte nel caso dovesse star male, inventando la scusa di un probabile attacco di appendicite. Il portiere giustamente acconsente senza replicare, anche perché quest'ultimo all'interno del palazzo ha sempre avuto molteplici incarichi ed oltre ad essere arrivato in soccorso sotto le vesti di infermiere, un anno fa ha aiutato quelli delle onoranze funebri a sistemare e vestire un vecchietto che era morto qualche giorno prima perché non aveva più in vita nessun parente. Con questo senso di protezione, Giacomo sale su a casa a

piedi cercando di stancarsi. Questa giornata come una delle tante giornate *no* che ha negli ultimi anni, ma in questo caso il sol averla affrontata da solo e senza l'aiuto di lo rende lievemente più quieto e speran piena consapevolezza, inoltre, che se ritornargli un attacco, può subirlo ma se paura che possa morire soffocato per il su perché una cosa del genere non può succed cercare solo di dirottarlo e mantenerl controllo. Si dà una bagnata al viso ed cucina famelico, visto che durante la gio ingerito quasi niente. Ma quando apre il fri non ci trova un granché, d'altra parte col f tra qualche giorno dovrà partire ha com minimo indispensabile. A questo punto l'egiziano della rosticceria sotto casa e si fa la pizza e qualche fritto.

Mentre aspetta il tipo con le cibarie, c genitori al telefono e scambia quattro battut madre, la quale si dimostra molto appre agitata. Questi dieci anni sono stati veram patimento per lei e il marito e non riesce a capacitarsi di come un figlio possa aver a forza di una decisione del genere. Ma G dall'altro lato della cornetta palesa che d diciottesimo compleanno non è stato più il r che loro si ricordano, che ha condotto u miserabile e si è dileguato da ogni t responsabilità; il distacco da loro faceva parte

questo meccanismo malato. Arrivano entrambi allo stesso epilogo, che dopo quello che è successo in questi anni devono buttarsi tutto alle spalle ed iniziare da capo, finché la fortuna glielo concederà. Giacomo dopo questa telefonata sembra sentirsi ancora di più sollevato e salutandola rinnova il suo affetto nei loro confronti.

La pizza ancora fumante viene mandata giù come se avesse la bocca d'amianto

«Ti ho detto mille volte di non mangiare la roba così calda che non fa bene, ma perché non mi ascolti mai.»

Anche questo fa parte del suo solito modo di agire senza pensare; ha sempre fatto tutto in modo compulsivo e non ha mai avuto piena coscienza delle sue azioni.

Dalla cucina passa in salotto e anziché andare in camera, si prepara per dormire lì su uno dei due divani; si stende supino e accende la televisione proprio per non restare intrappolato nel silenzio della casa e dopo qualche istante gli arriva un messaggio di Arturo nel quale gli dice che durante tutta la giornata inspiegabilmente era stato preoccupato e in pensiero per lui e che per qualunque cosa, non deve farsi problemi a chiamarlo, di non fare come al suo solito pensando che nessuno si agiti per lui.

In tv mandano un documentario su Barcellona e sulla crisi economica. Più volte con Gaya aveva

pensato di trasferirsi lì, ma le conseguenze sono sempre state catastrofiche. Nonostante lei fosse spagnola e avesse studiato all'estero non era servito a niente.

«Forse, se fossi andato via con lei, a quest'ora avremmo avuto la chance che lei ha sempre cercato...»

16.

Il giorno dello scambio era stato orchestrato tutto nei minimi dettagli. Giacomo sarebbe rimasto a casa con i nonni e gli zii e i suoi genitori sarebbero andati in una clinica privata in città per dare alla luce il loro cadetto. Qui la madre avrebbe avuto una camera riservata e nessuno l'avrebbe dovuta importunare, senza prima chiedere il permesso alle due vedette vestite di nero che stavano piantonate dietro la sua porta. La stanza era così bianca che le volte che i due musi entravano, sembravano dei veri e propri belzebù al letto della vergine.

Oltre all'*équipe* medica e al marito, gli unici a poterle fare visita erano proprio loro due, perché la madre di Giacomo aveva chiesto palesemente che non avrebbe assentito a nessun tipo di approccio col malvivente, e che appena fosse finita quella funesta vicenda, lui sarebbe dovuto dissolversi definitivamente dalla loro vita.

Durante una di quelle notti, mentre i due grugni fuori sonnecchiavano, un paramedico con la mascherina sulla bocca riuscì ad intrufolarsi nella stanza della partoriente e dopo averla ridestata, le spiegò brevemente che aveva un piano per lei. Che era a conoscenza di tutta la drammatica storia che le era capitata e che se lei avesse voluto, lo avrebbe potuto denunciare alla polizia in forma anonima o l'avrebbe, comunque, aiutata ad allontanarsi dall'ospedale.

Alla donna sembrò una chimera o forse una burla del destino e per qualche minuto prese in attenta valutazione il suggerimento dell'infermiera, ma poi quando pensò alle potenziali ripercussioni a cui sarebbe andato incontro Giacomo e tutto il resto della famiglia, rifiutò e la mandò via facendosi promettere che non sarebbe più ritornata a intralciarla con quelle intenzioni.

In quella nottata, come nel resto dei giorni successivi, la madre di Giacomo non riposò affatto, restò sveglia per ore ed ore senza darsi pace. C'aveva pensato spesso a quella circostanza ma non aveva mai concepito realmente che potesse avvertire una tale disperazione. Fino al giorno prima dell'arrivo in clinica, aveva desiderato con tutta se stessa che qualche malasorte o sciagura si portasse via quell'abominato individuo e li lasciasse in pace, ma invece l'unico dato reale era che si trovava in quel letto agonizzante sperando di perdere la vita prima ancora che le venisse portato via un pezzo di sé.

Con le mani sulla pancia e madida di sudore parlava al suo bambino come se potesse sentirla

«domani appena nascerai chiamerò Giacomo e ti farò vedere e sentire da lui. Sai, a lui non abbiamo ancora detto niente di quanto sei bello e di quanto gli assomigli e per lui sarà un colpo quando ti vedrà tra le mie braccia. Lui ancora ha solo tre anni e

avrà modo di conoscerti e difenderti dai cattivi. Domani appena torneremo a casa faremo una festa in tuo onore e inviteremo tutte le persone a noi care. Ho voglia di presentarti a tutti e loro devono sapere quanto sia indistruttibile il nostro rapporto. Papà più tardi arriverà con un bel vestitino e piano piano andremo via da questa stanza in un passeggino così grande da contenere tutti i regali che hai ricevuto, amore mio. Promettimi una cosa però, che non litigherai spesso con Giacomo per colpa di mamma e papà; devi cercare di capirlo. Per lui, a volte, sarai come un rivale che cercherà di rubare l'affetto dei suoi genitori, ma tu devi essere paziente e fargli capire che mamma e papà vi amano allo stesso modo. Bisogna che io stia attenta a lasciarvi da soli, perché sono sicura che lui si avvicinerà a te e ti darà tanti pizzicotti e morsetti sulle coscette per farti capire chi è il più grande, ma tu lascialo fare che il tempo renderà il vostro vincolo eterno. In qualunque posto voi sarete, lontano o vicino, vi cercherete finché il destino vi farà incontrare nuovamente. Non riesco ad immaginare la sua faccia di domani quando ti vedrà entrare dal cancello, nelle mie braccia; prevedo che farà finta di non vederti per non darti soddisfazione, un atteggiamento che ha spesso quando si sente osservato. Ma sappi, invece, che con i suoi occhioni ti guarderà di lato come se tu potessi già parlargli. Io conosco molto bene Giacomo e so quanto lui ti stia bramando; conosco i momenti in cui si estranea e cheto cheto si avvicina alla mia pancia e con la testolina si piega per carpire ogni tuo movimento. Io sono sicura che voi due già comunichiate quando io mi addormento; lui pensa che io non l'abbia mai visto tutte le volte che con la manina faceva dei piccoli cerchi vicino al mio ombelico, ma invece si sbaglia e lo vuoi sapere perché? Lo dico a te ma tienilo come un segreto. Tutte le volte che Giacomo era nei dintorni, era come se tu lo potessi sentire, perché ti muovevi cosi tanto che mi riempivi di calci. E smettevi di farlo solo appena lui si avvicinava e appoggiava la sua piccola mano nuovamente sulla mia pancia. Riuscivo a vederti come se il mio ventre mi diventasse trasparente; ti piegavi su un lato e con la manina sull'orecchio ti addormentavi. Furbetto che sei, pensavi veramente che ad una mamma potesse sfuggire una cosa del genere? Dai, adesso cerca di riposare che domani sarà una grande giornata per te; finalmente ti presenterò papa, anche se lo riconoscerai subito fra tutti quei camici bianchi. Distinguerai da subito quei baffi neri come la pece e quegli occhioni azzurri come il mare. Domani ricordami di dirti il tuo nome e per adesso ti do la buona notte...»

Nelle ore successive dormì in modo così intenso che al mattino quando si svegliò, l'ospedale era in subbuglio e i medici stavano facendo il giro delle stanze già da qualche minuto. La colazione era disposta su un tavolino, ma lei non si alzò neppure. Dopo qualche ora, cominciò a sentire le prime contrazioni. I farmaci che le avevano somministrato per indurre il parto stavano facendo effetto. Il suo corpo si stava preparando. Il marito aveva avuto un po' di rogne con il parcheggio, per cui arrivò quando la moglie si trovava in sala parto già da qualche minuto. All'inizio i due ceffi non volevano farlo assistere ma quando lei iniziò a strepitare tanto che anche da fuori si sentivano le sue strida, lo fecero entrare. Indossò un camice bianco e presenziò ansimante al parto del suo secondogenito. Gli spasimi furono così lancinanti che il marito dovette più volte chiedere ai medici di somministrarle degli analgesici, ma non gli venne mai prestato attenzione. Dopo circa sei ore la donna partorì ed in quel momento con il neonato ancora attaccato al cordone entrarono i due grugni travestiti da infermieri.

La donna cominciò a gemere in modo così disperato che anche il medico ebbe qualche incertezza nei primi istanti, ma ugualmente non ci fu verso, perché gli uomini gli misero così fretta che con le spalle girate verso la donna fu reciso il cordone e strappato il bambino dalle sue braccia. Nello stesso momento perse i sensi e si riprese solo qualche ora più tardi nella sua stanza d'ospedale. Il marito era al suo fianco sprofondato in una poltrona e con la testa piegata tra le mani. La moglie da principio non gli diede nemmeno la possibilità di proferire parola ma poi, dopo varie perseveranze, riuscì a raccontarle meglio com'erano andati i fatti. Le disse che il malvivente non si era fatto vedere, al suo posto era venuto un uomo che aveva preso con sé il bambino.

Dal quel momento in poi entrambi avrebbero dovuto portare avanti la storia dell'abortito. Fu lì, che a quelle sentenze la moglie ebbe un sussulto con conseguente attacco incontrollato e strillando come una squilibrata cacciò via il marito dalla stanza.

Durante la giornata, furono invasi dalle telefonate dei parenti e degli amici più cari, ma non diedero spiegazioni precise. Dissero solo che il parto aveva avuto dei problemi.

Una volta arrivati a casa, la donna ancora frastornata dai medicinali venne prima controllata dal medico di famiglia, subito dopo trasportata al piano di sopra e fatta accomodare nel letto. Nessuno dei familiari riuscì a spiegarsi il motivo per cui il bimbo era nato morto e perché lei si rifiutava di vedere chiunque, specialmente il figlio.

Nei primi giorni successivi al parto qualcuno in modo discreto riuscì a farle visita. I nonni le portarono da mangiare e gli zii le controllarono spesso la pressione, ma né Giacomo né suo padre riuscirono a farle visita. In quei giorni padre e figlio dormirono in un'altra stanza adiacente a quella della donna e fu una di quelle notti che Giacomo scese dal letto mentre il padre dormiva e andò nella stanza della madre. Cheto cheto riuscì ad entrare e una volta arrivato al capezzale del letto, tramite un poggiapiedi, riuscì a salirci sopra e in modo raccolto si appoggiò sulla pancia afflosciata della madre. Lei non stava dormendo, per cui non volle scostare il figlio, ma lo lasciò fare osservandolo senza farsi scorgere. Giacomo cominciò a giocherellare con la manina sulla sua pancia e con le piccola dita iniziò a fare delle spirali intorno all'ombelico. Insistette ma notando che qualcosa non era più come prima, iniziò a soffiarci dentro e a fare dei mugolii inusitati.

Per lui fu tutto molto curioso, diverso da come si era abituato nei nove mesi precedenti, per cui non avendo avuto nessuna replica dal bambino nella pancia iniziò a dare dei colpetti più forti col palmo sul ventre che recarono malessere alla madre. A quel punto lei se lo strinse tra le braccia e iniziò un pianto disperato e intenso che le lacrime vennero giù come l'acqua grondante di una cascata in piena. Più lei gemeva, più il piccolo Giacomo le lisciava le labbra, e una volta bagnate le dita di lacrime se le cacciava in bocca come se volesse in qualche modo spartire la sofferenza con la madre.

Nel frattempo il marito era arrivato ed aveva assistito al momento doloroso dei due. Le si avvicinò al letto e le disse che comunque siano andate le cose avevano un altro figlio da accudire e che per il suo bene dovevano stare vicini e affrontare la sofferenza insieme. Quella notte rimase impressa nella memoria dei genitori e sicuramente anche nell'inconscio di Giacomo.

Così facendo avevano deciso di non riparlarne più per molti anni; cercarono di vivere questo lutto in modo intimo e solitario anche se, oramai, il dolore aveva rovinato ineluttabilmente il loro matrimonio e la loro intimità. Da quella notte non fu più come prima e se non fosse stato per Giacomo si sarebbero lasciati in quella stessa notte.

Dal giorno dopo iniziarono ad avere una convivenza ed un ruolo dettato solo dal bene per il figlio; non fecero più l'amore, nonostante l'amore che provavano l'un l'altro era ancora molto forte e cercavano in ogni modo di non rimanere mai da soli. Lui trascorreva molto più tempo in città in ufficio e lei invece aveva lasciato il lavoro da insegnante per trascorrere più tempo col figlio e dedicarsi a pieno alla sua crescita. Dopo quell'evento sviluppò un'apprensione molto più esagerata e col passare degli anni questo atteggiamento non fu ben accolto da Giacomo. Veniva sorvegliato in tutto quello che faceva e quando si allontanava dalla sua vista per qualche ora la madre andava in ansia e doveva immediatamente trovarlo. Il padre senza mai dire niente alla madre aveva incaricato un professionista per rintracciare ragguagli sul conto del figlio rapito, ma dopo qualche mese le informazioni ottenute erano state ben poche; il malvivente sapeva il fatto suo e aveva tenuto il fattaccio ben celato. L'unica speranza ancora in vita era data da un messaggio lasciato quella notte, scritto dietro ad una fotografia che aveva affidato ai due presunti genitori, con il loro nome e cognome. Come un messaggio in bottiglia che forse prima o poi sarebbe giunto all'altro figlio legittimo, così che lui avrebbe avuto la possibilità di cercarli.

17.

Trascorsero sei mesi dalla cena in cui Luca era stato ospite a casa di Giacomo contro il volere di Gaya, inducendo Arturo a fermarsi da loro per fare il guardiano notturno. In quel periodo il loro rapporto aveva subito un cambiamento considerevole. La noncuranza di Giacomo si era convertita in falso interesse fatto di doni e di tanti, forse troppi, momenti trascorsi a casa solo con lei; mentre Gaya era mutata in qualcosa di diverso, in una martire che non reagiva più. Impegnava le sue giornate presa dall'agitazione che da un momento all'altro l'impetuosità di Giacomo si accendesse nuovamente lasciandola attaccabile come tutte le altre volte. Lei cercava di assentire a tutto senza eccepire, e gli unici momenti di abbandono li aveva con Arturo, il quale tentava in tutte le maniere di sostenerli, visto che li riteneva parte della sua sfera familiare. Giacomo quell'anno avrebbe compiuto ventisette anni e più si appressava il giorno del suo compleanno, più lui si manifestava refrattario ed estraniato. Ma voleva in ogni modo renderla appagata, per cui aveva pianificato una gita. Da molto tempo lei gli chiedeva di voler consumare una giornata intera al mare e magari prendere a noleggio una barca e andare a largo, così aveva chiamato un tale che conosceva al porto di Ostia e aveva bloccato una vela per il giorno successivo. Rese al corrente Gaya, mentre si trovava alla cassa del supermercato, e lei ne fu compiaciuta a tal punto che le molte commesse presenti si girarono verso di lei.

Prima di rientrare a casa aveva deciso di passare in un negozio di costumi da bagno per prenderne uno nuovo, sia per lei che per Giacomo. Lui, nel frattempo, si trovava a casa a riorganizzare sul computer dei *file* da far visionare a dei probabili committenti. Assorto nel lavoro che stava sviluppando non sentì nemmeno le chiamate di Gaya e soprattutto quelle di Luca, del quale non aveva avuto più sue notizie dall'ultima ennesima serata insensata in cui erano rientrati a casa imbrutiti dall'alcol. Era incerto se richiamarlo o meno, specialmente, nel caso l'avesse fatto, se riferirlo a Gaya. Decise allora di sentire prima lei, per sapere se tutto andava bene. Lei gli chiese conferma delle previsioni climatiche per il giorno dopo, visto che negli ultimi giorni c'erano stati anche dei temporali, e non voleva fare questo giro in barca con la paura che potesse verificarsi qualche intemperia. Giacomo dall'altro lato del telefono la rinfrancò ripetendole che l'imbarcazione aveva il sistema satellitare per comunicare con la capitaneria di porto, per cui anche se fosse avvenuto qualcosa ci sarebbero stati loro ad assisterli.

Giacomo in ogni modo era ancora indeciso se richiamare o meno Luca. Provò ad interpellare Arturo al cellulare per sapere se gli smidollati si fossero presentati al ristorante nelle sere precedenti, ma quest'ultimo gli disse che non si recavano lì dall'ultima volta in cui c'era stato anche lui. Decise così di differire e di richiamarlo più tardi, appena avesse capito cosa fare nel caso in cui lo avesse voluto sedurre per qualche uscita o chiedergli i soliti insulsi favori.

Il pomeriggio si era adombrato. Gaya si fermò per pranzo in centro città, in un piccolo bistrot e quando uscì per strada si trovò dinanzi ad un cielo che aveva cambiato sembianze e si era annottato. I nubifragi di Roma, per la gente che ci vive, sono una vera catastrofe; basti pensare a qualche scroscio e le strade si sommergono totalmente ostruendo ogni passaggio. Da ogni parte c'era un pandemonio. La calca procedeva velocemente in ogni direzione già ai primi goccioloni, provando di mettersi al riparo con qualunque cosa trovata: volantini, giornali, sacchetti e borse. E alla sosta degli autobus gli aspettanti si ammucchiavano come se avessero dovuto occludere un pertugio anziché salire su un autoveicolo. Gaya aveva provato a richiamare Giacomo già diverse volte, ma non aveva avuto risposta.

Non sapeva che nel frattempo Luca era giunto a casa loro senza neppure metterli al corrente.

Luca, fra le tante, è il tipico individuo che quando telefona o trasmette un messaggio reclama una reazione immediata.

Quindi dopo aver cercato invano di chiamarlo aveva optato di avviarsi difilato da lui, dato che lo aveva visto cincischiare sul balcone mentre il cellulare squillava a vuoto. Si innervosì per l'impudenza dell'amico e salì all'istante battendo con nerbo alla sua porta. Quando Giacomo lo vide in piedi sull'uscio, infradiciato dallo scroscio, si sentì in difficoltà: Gaya sarebbe arrivata da un momento all'altro e non le avrebbe certo fatto piacere trovarselo lì. Fu però obbligato a lasciarlo entrare, anche perché lui non se ne sarebbe andato senza proferire parola.

Mentre gli offriva qualcosa da bere, Giacomo vide il display del suo cellulare illuminarsi. Era lei che richiamava. Non rispose, non avrebbe saputo in che modo uscire dal pasticcio e non gli andava di favoleggiare un'altra ciancia a causa del compare.

Frattanto fuori, la pioggia sembrava ammattita e i clacson risuonavano come le biglie di un flipper. Gaya era grondante e con i sacchetti che aveva appresso le era macchinoso anche spostarsi per andare alla ricerca di un taxi o comunque di un qualsiasi mezzo di trasporto che la portasse via da lì. Aveva sentito anche Arturo, ma lui stava facendo degli ordini per il ristorante.

«..dai Arturo, non ti impensierire. Prima o poi dovrà pur smettere di piovere, eh? Appena finisce ti assicuro che vado a casa difilata e ti richiamo da lì per dirtelo».

La sfortuna volle che la pioggia invece di smettere aumentasse fino a diventare un vero e proprio temporale. Giacomo era sempre più in agitazione per via di quel cellulare che continuava a vibrare mentre Luca, senza nessuna volontà di andarsene, continuava a cicalare frasi scriteriate. Allarmato, si chiese quale poteva essere il vero motivo di quella visita indiscreta, e nell'incertezza lo avrebbe voluto ad ogni modo fuori casa, ma non sapeva come fare; si sentiva, come diceva spesso Gaya "un idiota di cui tutti se ne approfittano per la sua bontà".

Preoccupato per lei, dopo poco anche Arturo provò a chiamare Giacomo senza avere, nemmeno lui, una risposta, per cui preso un po' dall'agitazione, la richiamò e le disse di starsene tranquilla al riparo sotto qualche pensilina o in qualche negozio, che lui avrebbe cercato di fare il prima possibile per raggiungerla. Lei, in condizioni veramente pietose e incavolata come una faina, si era rifugiata in una grossa caffetteria nei pressi della Fontana di Trevi per cercare di scaldarsi. I numerosi clienti dentro la sala si erano anche infradiciati ma lei era messa piuttosto male; aveva le ballerine del tutto intrise e infangate e la lunga gonna di lino bianco aveva degli spruzzi di melma sia sul davanti che sul dietro. Per non parlare dei capelli fradici e del trucco sbavato come le fattezze di un clown.

Nel frattempo, in casa, Luca si era finalmente deciso ad ammettere la vera ragione della sua ispezione. Aveva con sé nello zaino una partita di droga che doveva smistare tra i suoi contatti. Giacomo, andò su tutte le furie, e tentò anche di cacciarlo di casa urlandogli contro i peggiori improperi. Non sapeva ancora che Luca aveva taciuto la parte più preoccupante della storia.

Infatti mentre avveniva lo scambio tra lui e il pusher era stato colto sul fatto da uno sbirro che aveva assistito a tutta la scena e aveva provato a braccarlo. Ma Luca era stato abbastanza scaltro da far perdere le sue tracce e ad eclissarsi in casa sua.

Intanto Arturo, terminate le ordinazioni, si era precipitato dall'amica con due parapioggia.

«Meno male che sei arrivato tu, altrimenti non so in che modo sarei rientrata a casa, visto che Giacomo sembra defluito nei tombini con l'acqua. Ma adesso che arrivo ne sentirà quattro».

Arturo fece salire la ragazza in macchina mentre la pioggia continuava a venire giù senza sosta. Sembrava il presagio di qualche calamità naturale. Dagli alberi erano cadute molte foglie e i tuoni rimbombavano facendo interferenza con l'autoradio. La strada era intasata e le macchine in fila erano veramente tante lungo entrambe le corsie. I due, per rompere il silenzio che era arrivato, iniziarono a parlottare di molte cose, fra cui anche del regalo di Giacomo: la gita in barca del giorno dopo. Era particolarmente angustiata ed atterrita per le intemperie, anche se secondo le previsioni il giorno dopo ci sarebbe stato il sole.

Arturo continuava a partecipare attivamente alla discussione, ma il suo pensiero era fermo su Giacomo. Era perplesso e certo che qualcosa fosse capitato. Non disse a Gaya che anche lui aveva provato decine di volte a richiamarlo senza avere mai una risposta.

Il viaggio di ritorno sembrò una sciagura, si imbatterono anche in un incidente stradale che li fece rallentare di molto. Gaya si era intirizzita e aveva inumidito il sedile nonostante si fosse messa sotto il sedere e dietro le spalle dei sacchetti di plastica da supermercato. Arturo aveva anche acceso l'aria calda per farla intiepidire, ma con la temperatura stagionale e lo scarico delle altre auto gli sembrò di stare in una galleria senza via di fuga.

Dall'altra parte della città, intanto, Luca aveva effettuato una decina di telefonate per chiedere a qualcuno dei suoi contatti se poteva andare a recuperarlo, ma non gli aveva risposto praticamente nessuno. Anche lui era un mezzo sciagurato, buono a fare favori agli altri, ma nel momento del bisogno completamente solo. E intanto a Giacomo la trepidazione lo stava logorando.

«Perché non l'ho gettato mesi fa giù dal balcone, eh?! Sono solo un imbecille e se dovesse arrivare Gaya e coglierci in flagrante in queste condizioni diventerò un beota single. E chi la condannerebbe...».

Gli ultimi chilometri in macchina per i due ragazzi furono i più lunghi. Erano stremati, particolarmente Gaya, e l'acquazzone non voleva smettere. Appesantì la loro condizione anche il Lungotevere che dal ponte di ferro sembrava un mostro marino pronto per sgravare; l'acqua si era alzata di molti centimetri e stava per superare il livello di sicurezza. Nessuno dei due oramai articolava parole, tanto era alto il livello di accozzaglia che c'era attorno a loro.

Una volta giunti a casa, intorpiditi, biliosi e afflitti, si trovarono innanzi ad una scena che mai avrebbero voluto neppure scorgere. In cucina, rischiarata solamente dalla luce della cappa, Giacomo era in piedi col cellulare in mano dinanzi a Luca piegato sul tavolo che si affaccendava con le bustine di coca. Nessuno poté arrestare Gaya quando lei si scagliò contro Luca prontamente con le unghie sul grugno; non bastarono né Giacomo né Arturo a interrompere quell'eccidio. Ma a Gaya non l'avrebbe frenata nessuno; era tanto lo svilimento e l'avversione alimentato negli anni per quell'essere insulso, che ora voleva solo fargli male. Lo scaraventò in terra e sopra di lui cominciò a dargliene di santa ragione. Dopo qualche minuto era rimasta senza più forze, tanto che si accasciò sul corpo dell'altro. Giacomo, vista la scena, si avvicinò per soccorrerla ma lei lo scostò spingendolo contro il tavolo e solo in quel momento lui fece segno ad

Arturo di sorreggerla. Col suo ausilio riuscì a sollevarsi in piedi e prima di dare le spalle lanciò a Giacomo un tale sguardo di disprezzo da fargli paura.

Invano Arturo cercò di aggiustare la situazione, lei non volle sentire spiegazioni. Era fuori di sé e non aveva nessuna volontà di soprassedere ad un fattaccio del genere. In ballo su quella tavola c'era il destino di tutti e quattro, non solo quello di Luca. E il solo fatto che Giacomo avesse autorizzato che avvenisse una cosa simile in casa sua la mandava in collera.

Giacomo accompagnò il quarto incomodo in camera e lo lasciò lì per farlo rinsavire dalle percosse, poi tornò indietro con l'illusione di ammansire la fidanzata, ma lei era troppo imbestialita, non faceva altro che osteggiarlo e rammentargli tutte le immolazioni che aveva fatto per lui negli anni scorsi. Arturo, nel frattempo, si era disposto da un lato senza reagire con la certezza che il suo presentimento quella sera si sarebbe concretizzato. Lei continuò ad essere fuori controllo e seguitò ad inveire, senza indugio, nonostante l'intruso fosse in camera con la porta socchiusa. Diede anche disposizione, e in modo perentorio, di sbatterlo fuori di casa con quella robaccia che si trovava sulla tavola perché diversamente, anche a costo di mettere a repentaglio il futuro di tutti, lei avrebbe armato una babilonia.

La pioggia fuori sembrava avercela anch'essa con Giacomo, perché seguitava a scendere a dirotto come per annunciare un'altra catastrofe, imminente. Quando Luca arrivò in cucina avvertì istantaneamente un clima che non gli piacque.

Gaya aveva espressamente imposto a Giacomo di scegliere tra lei e lui. Desiderava un futuro fatto di altre situazioni e non di fesserie che gli avrebbero arrecato solo grattacapi.

Dinanzi a quel provvedimento, Giacomo sembrò allietato da una sorta di vaticinio.

«Te l'ho detto più volte amore mio, la tua felicità al posto della mia. Io e te non possiamo stare assieme perché io non ne sono più in grado e non me la sento di privarti di una vita diversa per la nostra, e non potrei nemmeno pretenderlo...».

Fissandola dritta negli occhi e con sangue freddo, le disse che lui era quel tipo di persona. Esattamente come Luca, che non se la sentiva di trascinarsela appresso, per cui sarebbe stata lei a doversi separare da lui.

Sulla faccia di Luca si stampò un risolino da joker. Arturo, contrariamente, era incredulo, mentre Gaya rimase immobile per diversi secondi. Poi senza reagire né lamentarsi, in pochi minuti prese lo stretto necessario e si lasciò alle spalle quella casa, seguita da Arturo. Quella fu l'ultima volte che Giacomo e Gaya si guardarono negli occhi.

Appena i due furono fuori, Luca riprese a sogghignare e a dimenarsi per tutta casa come se fosse diventato comproprietario di Giacomo; con in mano una sigaretta di Marijuana si lanciò prima sul letto, per poi passare sui due divani, e continuò accendendo la televisione, la radio, aprendo il frigorifero, pisciando in bagno con la porta aperta senza tirare lo sciacquone. Insomma tutto quello che un cane compie nel momento in cui deve marcare il suo territorio. Giacomo assistette imperturbabile e senza dare segni di vita, fin quando subitamente prese un vaso di fiori dal poggiolo e lo scagliò contro la porta a vetri che separava la sala dalla cucina facendo un fracasso della miseria. Per qualche minuto fu lui inarrestabile e dopo il gesto del portafiori, ritrasferì la droga nello zaino e lo lanciò dal balcone sotto gli occhi sgomentati dell'amico. Quest'ultimo non ebbe nemmeno il tempo di chiedere chiarimenti che si ritrovò fuori dalla porta.

Nello stesso momento in cui Giacomo irrompeva nei vaneggiamenti di Luca, Gaya era in macchina col suo migliore amico cercando di mettere insieme le idee per comprendere al meglio cosa fosse realmente accaduto in casa sua e cosa avrebbe dovuto fare da quel momento in poi. Arturo cercò di consolarla, ribadendole che finché avesse voluto, si sarebbe potuta trattenere da lui senza farsi troppi problemi o sentirsi in imbarazzo; ma lei non reagiva, guardava fissa la pioggia battente sul parabrezza della vettura. Lui le continuò a chiedere di non farlo impensierire e di dirgli cosa stesse meditando, ma lei l'unica cosa che riuscì a proferire fu che avrebbe voluto andare a casa sua per rifocillarsi e dormire.

Una volta entrati in casa, Arturo le preparò un letto che aveva preso per gli ospiti ma che non aveva mai usato fino a quel momento.

A differenza di quello che poteva sembrare, infatti, lui era un ragazzo molto discreto e vuoi per il poco tempo libero, vuoi per carattere, aveva pochi amici.

Gaya intanto si era sbarrata in bagno e Arturo non si preoccupò oltremodo perché aveva presentito che a lei serviva un po' di privatezza per decidere il da farsi. L'aspettò in cucina mentre le preparava una tazza di latte caldo. Quando lei arrivò, aveva un ghigno distorto sul viso. Tutto il supplizio di quegli anni era sorto sul suo volto dandole un'esteriorità di donna adulta; le occhiaie e i segni di un lungo pianto nel bagno erano manifesti.

«Sai Arturo, voglio ringraziarti per tutto quello che hai fatto per noi in questi anni e quello che stai continuando a fare per me questa sera. Volevo anche dirti di stare sereno per me, ma di non lasciare da solo Giacomo; lui ha bisogno di te più di quanto lui possa solo immaginare. Lui ha avuto l'audacia di agguantare una strada che andava presa ed io, forse egoisticamente, ne sono quasi

esonerata. Io lo amo più di quanto lui possa amare se stesso, ma non si poteva più andare avanti in quel modo. In questi giorni ho sentito anche mia madre e le ho anticipato che ci sono un po' di problemi tra me e Giacomo e, forse, sarei rientrata a Barcellona molto presto. La giornata di domani, la gita in barca sarebbe stato un altro insuccesso e sono compiaciuta di non esserci andata, perché non avrei retto di stare da sola con lui così tanto tempo lontana dalla terra ferma. Giacomo ha bisogno di qualcuno che lo aiuti e quella non sono di certo io, dentro di sé si porta un qualcosa di cupo che io non sono riuscita mai a carpire nonostante i miei tanti sforzi e che molto spesso mi ha terrorizzato. Lui non è al corrente, ma almeno due volte al mese da circa tre anni sono stata seguita da uno specialista perché stavo perdendo di mira cosa fosse veramente importante per il mio benessere ed è con l'aiuto di tale figura, che questa sera sono riuscita ad avere uno scoppio verso Giacomo e dichiarare le cose per come le rimuginavo da tempo, e se sono qui dinanzi a te ancora più sollevata di prima lo devo sempre a lui, per cui levati quel punto interrogativo che hai sulla faccia e porgimi quella tazza di latte prima che diventi ghiaccio»

Arturo prestò attenzione senza reagire. Gli avvenimenti della giornata l'avevano turbato profondamente, tanto che lungo la strada, e poi a casa, aveva provato per la prima volta il desiderio di confidarsi e raccontare all'amica della missiva dei suoi genitori. Ma lei gli sembrava così risoluta e distante che cambiò idea. Quella chiacchierata al tavolo della sua cucina fu l'ultima tra loro due. Il giorno dopo Gaya prese un volo per Barcellona e nel primo pomeriggio era già a casa.

Parte seconda
Il ritorno

Scorgere il grigiore rivelatosi dai suoi occhi
mi consuma l'anima
come la fiamma sciupa la sua candela.
Lo scorrere della vita e della sorte,
volgono sempre verso il buio,
inducono ogni modesta e inconsueta condotta
ad essere vincolata da un sentimento
che nonostante l'impeto, si estingue.

Oh essere inesplorato, dove sei?
Perché hai trascurato quel simile angelo
che ti ha germogliato come un bocciolo
e spinto a volare come un uccello.

I ricordi, comunque sia,
vengono assaporati e conservati vivi,
da questo è arduo sottrarsi.

Mirigliano Cosimo
27 settembre 2003

18.

È quasi tutto predisposto per la partenza. La sera prima Giacomo ha vuotato il frigorifero e dato l'aspirapolvere per tutta casa. Nella terra dei pochi arboscelli che ha parcheggiato sul poggiolo, ha ficcato una bottiglia di acqua da un litro e mezzo a testa in giù, un artificio che gli aveva indottrinato lo zio Fulvietto. Nell'andito sono adagiati sullo stenditoio le ultime cose che la mattina seguente dovrà piegare e mettere in ordine nella borsa.

Mentre si sbarba dinanzi allo specchio del bagno ha lo stupore di scrutare due espressioni; quella del trascorso che sta dissolvendosi e quella corrente, che sta affiorando dinanzi al suo sguardo. Solo in quel momento, però, ha una singolare emozione, come se stesse per verificarsi qualche cosa, ma tenta di non occuparsene perché è consapevole che dall'attimo in cui vedrà nuovamente il suo vecchio focolare e i suoi cari, accadrà certamente qualcosa di pragmatico.

Mentre continua a radersi, però, medita alla conversazione al telefono avuta poco prima con i genitori, ma specialmente a quello che la madre gli aveva enunciato ad un certo punto del dialogo.

«Sai ragazzo mio, ti devo confessare una cosa e non la trascurare mai; domani quando giungerai a casa per me sarà come avere nuovamente te e tuo fratello congiuntamente. Non importa dove lui sarà

col corpo perché con lo spirito e col cuore, ne sono certa, lui vive in te...».

Quella asserzione lo aveva fatto sentire ancora più essenziale e meno scompagnato. Avere l'incombenza di coesistere con due corpi e una sola mente era per lui una grande soddisfazione e voleva portare a termine tale proposito nel miglior modo che si poteva generare.

Concretamente non aveva mai provato a dare una spiegazione ragionevole; ma accadeva che episodicamente, quando stava isolato, aveva il sentore che la parte morale del suo temperamento non appartenesse a lui, ma ad un altro individuo, che poteva essere il fratello o meno. Era stata tale presenza a trascinarlo in questo nuovo periodo di cognizione.

Gli ambienti della casa oramai, aromatizzano di mutamento e in alcuni recessi l'esistenza di Gaya si sta già dissipando. Il giorno prima aveva anche considerato di trasmetterle un messaggio per rivolgerle un saluto, augurarle perfino buone vacanze, ma aspettandosi di riscuotere una qualunque reazione imperturbabile e di poco conto aveva scacciato via quel proposito.

Piuttosto aveva reclamato Arturo.

Dopo la separazione con la fidanzata, lui e l'amico non avevano avuto molti momenti per vedersi, a parte le cene al ristorante.

Ma aveva trovato il telefono impegnato in un'altra conversazione, per cui aveva preferito incidergli un messaggio in segreteria.

«Ciao Arturo, tutto bene? Domani in mattinata dovrei prendere il treno da Roma Termini, e ti avevo telefonato solo per farti un saluto. Ti richiamerò poi io da lì per aggiornarti; tu, in ogni modo, non combinare guai. Un abbraccio e alla prossima...».

Prenota un taxi e dopo una manciata di minuti si reca all'ingresso principale per aspettarlo. Ma la vettura non arriva. Al suo posto, però, mentre Giacomo è al cellulare cercando di capire cosa sia successo, fa capolino Arturo con la sua di macchina.

«E tu che ci fai qui?»

«Ho sentito il tuo messaggio in segreteria, e coincidenza, visto che dovevo spostarmi anche io verso Termini a salutare un'amica, ho preso in considerazione l'idea di passare e darti uno strappo, che ne dici?»

«Dico che hai fatto benissimo!»

Arturo apre il baule e Giacomo colloca le sue borse, poi sale in macchina e ripartono.

Ma quello che Arturo ha fatto passare per sincronismo in realtà non lo è del tutto.

E' già qualche settimana che lui rimugina. Il giorno prima si era anche deciso e aveva palesato al direttore del ristorante che per ragioni di tipo confidenziale, non sarebbe andato al lavoro per i prossimi turni. E le motivazioni erano che non poteva più prendere dell'altro tempo. La lettera che aveva ben celato incominciava a reclamare delle reazioni e ogni volta che la teneva tra le mani, sentiva che avrebbe perso il controllo delle sue azioni se non avesse voltato pagina con quella storia prima possibile.

Doveva andare. Doveva vedere. E doveva parlarne con qualcuno. E quel qualcuno era Giacomo. Però l'amico gli aveva registrato un messaggio per metterlo al corrente che si sarebbe allontanato da Roma e lui aveva il presentimento che non sarebbe rientrato a breve.

«Senti Giacomino, quando hai deciso di partire? Perché non ne hai parlato con me? Durante i giorni scorsi sono stato molto tormentato a causa tua. Se non altro mi vuoi dire dove te ne vai? Non mi dire che hai già conosciuto un'altra e te ne stai andando con lei a fare baldoria, eh?»

«Ma che dici Arturo, non ho ancora incontrato nessuna, figurati».

Giacomo è riluttante, non sembra aver bisogno di comunicare il motivo del suo pellegrinaggio. Ma Arturo persevera.

«Vado a far visita ai miei genitori al paese, è tanto che non li vedo».

Arturo rimane particolarmente perplesso. Da quando si conoscono Giacomo non ha mai accennato alla propria famiglia. Arturo dal canto suo non ha mai posto domande in merito; pensava sì, che ci fosse un velo di equivoco nel suo riserbo, ma non aveva mai osato forzare la sua discrezione. Ancora adesso non sembra che Giacomo abbia voglia di discorrerne, per lui è sicuramente un nervo scoperto. Arturo comprende la circostanza e non pretende più niente, ma resta allo stesso modo dubbioso. I due proseguono il tragitto scambiandosi spiritosaggini e ilarità, ma uno dei due ha il grugno di un giocoliere appena uscito sul proscenio, mentre l'altro le fattezze di uno scippatore colto in fallo da un gendarme. Giacomo a un certo punto revisiona l'orologio con piglio turbato. Sono ancora a metà strada e l'orario della partenza si sta avvicinando.

«Ecco, vedi perché ero esitante all'idea di ficcarmi nella tua macchina? Sarebbe stato molto meglio rimanere in attesa del tassì. Quelli si muovono sulla corsia preferenziale. A quest'ora starei da tempo in stazione»

«Giacomo tranquillo, ce la facciamo...»

«..a questa andatura sicuramente no!»

Arturo possiede una maniera di vivere troppo distesamente che a Giacomo ha sempre allettato. Ora però gli provoca ira. Secondo lui l'universo si sposta con la flemma di una formica, ma la realtà è che tutto si muove alla rapidità del lampo.

«Ma guarda quell'ipodotato con lo scooter, ci mancava solo lui oggi! Levati dalla carreggiata che dobbiamo sorpassare!»

Quello per tutta risposta con un inflessione ampiamente ruvida lo manda a quel paese.

«Ma vai a cagare, stronzo! Arturo per piacere oltrepassalo! Ora gliela facciamo vedere noi»

Sebbene per gli ultimi tre semafori, siano riusciti a conquistarsi l'onda verde, sono allo stesso modo in forte ritardo. Per ambedue quest'ultimo tratto di strada da attraversare si sta facendo un azzardo vero e proprio.

«Mi dispiace Giacomo, davvero...»

«..non è una questione di scuse, Arturo. Ma una faccenda di obblighi. Forse a te qualcuno ti aspetta alla stazione per un caffè, ma per me non è così, ci sono persone che mi attendono a casa...da dieci lunghi anni!»

Arturo si accorge che l'intensità della voce dell'amico si è del tutto alterata, per cui non se la sente di cianciare oltremodo. Una volta sopraggiunti al fianco della stazione, abbandonano il veicolo in doppia fila e incustodita lungo Viale Giolitti, e si precipitano a cercare il binario. Ma la ricerca affannosa non serve a niente perché il treno si allontana proprio dinanzi al loro frustrato sguardo. La stizza di Giacomo si dissolve di getto, e gli resta tuttavia un intimo sconforto.

«Come al solito mi trascino dietro la sventura più grande dell'universo, non me ne va bene una. E adesso come faccio a recarmi dai miei, ma, sopra ogni cosa, con quale ardire li chiamo per dirglielo? Maledetta imbecillità. Il bello è che non me la posso

prendere con nessuno, neppure con Arturo che è stato fin troppo disponibile ad accompagnarmi».

Giacomo è scompagnato dinanzi al binario con le sue borse in mano, mentre Arturo si è precipitato in biglietteria per trovare un altro sedile vacante per l'amico da accaparrarsi. Dopo qualche minuto si ripresenta da Giacomo a mani vuote; non ha trovato niente per il momento se non un posto per due giorni dopo, sul treno notturno.

Arturo si sente enormemente responsabile: non solo ha mentito sull'incontro con l'amica alla stazione, pur di confidarsi della missiva senza neppure riuscirci, ma più di ogni altra cosa, gli ha fatto perdere quel treno che chiaramente era parecchio importante.

«Ma io sono troppo deficiente per essere un uomo! E' ovvio che un espediente c'è! Gli do in prestito la mia auto e ci va lui da solo».

Giacomo rimane compiaciuto dalle intenzioni dell'amico, ma non se la sente di accogliere la sua proposta, perché non lo vuole lasciare privo di macchina per tre lunghe settimane; per cui lo ringrazia ma alla fine non acconsente. Arturo però persevera e dopo un raffronto vagliato Giacomo approva ad un solo patto: che l'amico scelga di unirsi a lui. Non gli dà ulteriori delucidazioni, gli dichiara soltanto che per varie ragioni non se la sente di fare questa spedizione in solitudine, per cui anche l'altro accoglie il suggerimento. Intanto che

Giacomo si sposta per effettuare qualche telefonata, Arturo rimane in disparte e pensieroso.

E' segretamente appagato perché alla fine, anche se si sente ancora scarsamente in difetto per come sono andate le cose, sa che a breve conoscerà la famiglia di Giacomo.

Finalmente i due salgono in macchina, e dopo essersi procacciati qualche vettovaglia e dell'acqua in un bar lì vicino, danno inizio a questo prolisso itinerario alla volta del sud Italia. A scrutarli con la cartina in mano, sembrano uno più incapace dell'altro. Giacomo non viaggia su questa tratta da parecchi anni. Arturo invece non l'ha mai percorsa prima; ma è stato quest'ultimo a proporre di proseguire per il litorale. Anche se ci spenderanno del tempo sarà tuttavia un modo per far diventare più eccitante la trasferta, e anche per fare una sorta di villeggiatura esclusiva. Ripartono con l'autoradio a palla sintonizzata su una frequenza che passa solo musica rock e canterellando come due mentecatti avanzano per un centinaio di chilometri. La canicola inizia ad essere torrida e le spiagge gremite di bagnanti. Una volta arrivati lungo la costa si fa quasi ora di pranzo, per cui scelgono di disporsi da qualche parte per rifocillarsi. Posteggiano in un'area riparata dal sole e affittano un parasole e due sedie a sdraio. Quando Arturo tira via il costume dalla borsa per infilarselo, Giacomo rimane particolarmente perplesso perché non riesce a spiegarsi come mai l'amico abbia una borsa con sé, ma lui si difende ribattendo che in teoria porta sempre uno zaino in macchina per le eventualità e che con frequenza gli capita di dormire fuori dai compagni di lavoro, e in questo periodo gli è successo già molte volte di andare al mare dopo una notte fuori. Giacomo come per tutte le spiegazioni che gli riporta l'amico, anche in questa circostanza, alla fine, non ci vede niente di disonesto a parte quando adocchiando il contenitore nel fondo dello zaino reclama un chiarimento che Arturo non concede. Schivamente lo occulta e replica che non è niente di grande interesse ma solo un insieme di documenti che si porta sempre appresso. Dopo le divagazioni si avviano verso il lido privato e si distendono sotto il sole. Il caratteristico borgo da cui nasce questa fetta di battigia interessa molto a entrambi; la spiaggia sboccia da un piccolo fiordo e per giungere il centro del paese bisogna percorrere una scaletta a piedi di un centinaio di gradini sconnessi, o attraversare in macchina una strada in salita. La riva brulica di gente e gli ombrelloni con i vari colori somigliano a dei grossi funghi pitturati, mentre le abitazioni dalle diverse tonalità cabotano dall'alto la baia.

Tra un tuffo e una michetta, Giacomo si svela un poco, ma senza andare troppo dentro nei particolari. Spiffera solo qualche aneddoto della sua vita al paese, dei giorni appassionanti consumati al mare a casa dello zio, e di quella famosa pasquetta con i parenti australiani.

Arturo mentre lo ascolta patisce una strana fusione di contentezza e rivalità, che non aveva mai saggiato prima nei riguardi dell'amico.

Consumata qualche altra ora, scelgono di fare una scarpinata su nel borgo prima di rimettersi in strada. Ma vuoi per il caldo opprimente, vuoi per l'orario, in circolazione non c'è anima viva. In questo momento chi è rimasto in casa poltrisce e chi non lo è, si trova in spiaggia, ammollo in acqua. Queste sono le singolari consuetudini di chi risiede o soggiorna in un'ordinaria località di villeggiatura, ed è quello che apprezzava Giacomo prima di emigrare a Roma.

Nel portarsi avanti lungo un passaggio pedonale e scivoloso, si trovano alla fine di esso dinanzi uno scenario eccezionale. La piccola baia si apre sull'immenso mare blu e quando loro due se lo ritrovano di fronte hanno simbioticamente un guizzo allo stomaco. Giacomo enuncia che se potesse formulare un'aspirazione, gli piacerebbe tanto trasformarsi in un arduo volatile e librare così a largo che tutti i suoi turbamenti più angoscianti ruzzolerebbero verso il fondo, e annegherebbero in acqua; mentre Arturo dal canto suo palesa che in questo preciso istante, gli piacerebbe tanto mutare in un piccolo insetto ed addentrarsi nell'ingegno dell'amico, per comprendere quale possa essere questo disordine che lo molesta da quando lo conosce.

Irrompono la contemplazione con una grossa risata e Giacomo manifesta che né uno né l'altro per oggi soddisferà la propria aspirazione, per cui sarebbe il caso di ficcarsi nuovamente in macchina e avanzare secondo la tabella di marcia. Ambedue, nel muoversi verso la macchina si scrutano con una letta appena appena diversa da quella che avevano fatto fino a poco prima, velata da una impalpabile circospezione.

Si sistemano nella vettura e proseguono il loro percorso in un clima che non appare quello di prima; al momento perfino Arturo ha un'inflessione diversa e abusa di ogni occorrenza per canzonare l'amico.

«Sai Giacomo, sarebbe il caso che tu dessi un po' il cambio al pilota, che ne dici? D'altra parte siamo in due in macchina e dovremmo condividere anche questa collocazione, specialmente perché al rientro mi devo fare da solo la strada inversa. Riconosco che Gaya ti abbia educato a stare nella comodità, ma ora lei non c'è...»

Giacomo gli presta attenzione ma non accoglie i suoi pungoli: ha altro da meditare. E poi in fondo giustifica le movenze indisponenti dell'amico. Lui era molto affezionato a Gaya e non lo ha ancora assolto per averla fatta scantonare a Barcellona in quella maniera, gettando via sette anni di vita in comune senza neppure ravvedersene.

Ad ogni modo, si invertono di sedile e Giacomo si mette alla guida, e subito gli torna alla mente il viaggio fatto tanti anni prima con lo zio. In quel peregrinaggio ha mollato alle sue spalle un brandello del suo mondo che ora sta avanzando per riacchiapparlo.

«..nipote mio, devi assicurarmi di non metterti nei pasticci, per qualunque cosa mi fai uno squillo che io arrivo senza indugio. Mi sento di ribadirti questo impulso e mi auguro di non mancare di considerazione nei riguardi di tuo padre, ma per me sei come un figlio. Ti ho vissuto e ti ho voluto bene come se fossi stato mio e con la stessa consapevolezza che adesso ti sto raccomandando alla mia amica. Confido che un giorno noi due possiamo fare nuovamente questo medesimo tragitto ma nella direzione contraria. Capisco quanto tu sia tormentato, ma voglio che tu sappia, che lo continuerai ad essere affinché non abbandonerai tutto e compatirai i tuoi genitori per l'azione disumana che hanno commesso, nei tuoi confronti come anche nei loro stessi…».

In effetti è quello che si è verificato. Solo che ha dovuto spendere dieci infiniti anni per comprenderlo. Se lo avesse concepito prima, tutto ciò non sarebbe avvenuto; ma la sua coscienza è consapevole che se le cose sono andate a finire così una causa c'è e lui ha tutto il tempo e il desiderio per smascherarla.

Arturo frattanto si è assopito e Giacomo dallo specchietto retrovisore, getta un'occhiata alla borsa dell'amico adagiata sul sedile posteriore e abbracciata dal telo da mare, come per proteggerla. Strada facendo, mentre l'amico ancora dorme, stabilisce che è meglio interrompere momentaneamente il viaggio prima di arrivare a destinazione, per ritemprarsi lungo il ciglio della strada. Sono bastantemente vicini, ma ad ogni modo arriverebbero in tarda serata e Giacomo non vuole creare disturbo a nessuno; né allo zio dove dovrebbe andare a dormire Arturo per una notte e né ai suoi genitori. Preferisce giungere da loro riposato e beneficiante della luce del sole delle prime ore del mattino.

Giacomo in merito a questa previsione, recupera il cellulare dallo sportello e informa casa. Quando Arturo si desta e conosce l'alterazione del programma si indigna alquanto. Non regge più la maniera di comportarsi dell'amico, che seguita a prendere decisioni senza neppure metterlo al corrente prima, e sopra ogni cosa, senza valutare che lui possa avere incombenze proprie diverse da quelle dell'amico.

In ogni caso, Ad Arturo viene in mente che da quelle parti, in un piccolo paese in collina, vive una sua collega che è partita due giorni prima da Roma per recarsi, anche lei, dalla famiglia. Prova a chiamarla e dopo una chiacchierata si procurano un invito a casa. Arrivati su nel borgo possono constatare quanto sia qualitativo e distintivo, di origine normanna, con una rocca posta nella parte più alta del centro.

Appena si imbattono nell'amica, lei informa Arturo che sono piombati nel periodo di grande festa, dove la maggior parte dei visitatori hanno riservato ed invaso tutti gli alberghi presenti in paese. Per di più sostiene, che durante la serata ci sarà un corteo tipico del paese che prende il nome di "Campanacci".

Arrivano a casa e dopo aver conosciuto la famiglia, la ragazza li congeda dinanzi alla porta della stanza degli ospiti, dove ci sono due guardaroba e due brande singole che li attendono. In seguito ad una sistemazione e ad una doccia veloce si abbandonano in quella che sarà una serata guarnita di impetuosi turbamenti. Il centro storico si mostra con uno spiazzo centrale ed un passaggio pedonale dominante, affollato di barroccini che mercanteggiano bocconotti e strazzate, oltre a numerosi vini locali. Al centro della spianata è collocato un autorevole palco sul quale in tarda serata ci sarà l'esibizione di uno degli interpreti più seguiti in questo periodo. Se ci si disloca dalla folla e si attraversano le viuzze interne, si possono ammirare i sorprendenti giardini di alcune residenze nobili, come anche alcune piccole abitazioni che diventano per la festività dei luoghi di ritrovo dove potersi rifocillare senza crucciarsi oltre misura di doversi infilare un vestito agghindato o delle calzature costose. Ed è in uno di questi spazi che i tre bivaccano fintanto che aspettano gli altri amici. La ragazza si assume la responsabilità di ordinare per loro, per cui una volta conquistate le sedie ed un piano di legno sollecita il cameriere e lo invita a far arrivare qualche misto di antipasti e fa la stessa richiesta con i primi ed i secondi. L'unicità di tali estemporanei luoghi è l'atto di poter gustare qualsivoglia vivanda e libagione, o la maggior parte delle portate presenti nel menù; chiaramente solo limitate porzioni. In questo modo il consumatore o chi è in visita per altre ragioni può centellinare vettovaglie e beveraggi e divulgare agli altri la propria esperienza. Questa avvedutezza viene abbracciata per dare l'opportunità a chicchessia di caldeggiare tali luoghi di forte impatto gastronomico.

Il primo elemento che si fa spazio sulla tavola è il vino, ma in questo caso piuttosto che uno solo ne arrivano tre tipi diversi, trattenuti in alcuni decanter. Immediatamente dopo, arrivano gli antipasti e con loro una serie di primi piatti. Tra un assaggio e l'altro, Giacomo non ha sorseggiato neppure un goccio di vino e non lo toccherà per tutta la serata, ma diversamente, sia Arturo che l'amica ci stanno dando dentro e anche di brutto. Giacomo cerca di contenere l'amico ma non c'è possibilità di esortarlo; l'altro è così fuori controllo che quasi non lo identifica. Ragiona sul fatto che questa sera è bramoso di distrazioni e visto che ha recuperato la persona con cui farlo non si esime. Questa è una nottata di festeggiamenti e tutta la frotta attorno ad essi sta interagendo nella stessa maniera. Durante la cena librano risolini e freddure provocanti tra i due amici, ma la ragazza non assimilando adeguatamente, responsabilizza il vino.

«Mi sembrano strani questi due, si pungolano come due fidanzatini, mah»

Dopo aver spillato le tre brocche e trangugiato tutto perfino il dolce, decidono di sgorgare all'esterno e spingersi verso gli amici della ragazza. Arturo si sente come uno di quei tanti inetti amici di Giacomo, ma al contempo, se la sta spassando abbondantemente; ha l'impressione di sentirsi ovattato e la sua testa gli sembra volteggiare.

Ma lo stupore si protrae ancora per poco, perché dopo qualche accenno di movenza incomincia a non stare bene. A parte qualche *shottino* trincato con i colleghi dopo il turno di lavoro, Arturo è essenzialmente astemio, e stasera ha fermamente oltrepassato la misura. Si avviano, in ogni modo, all'aperto e la brezza piacevolmente fredda lo fa rinsavire precipitosamente, ma riprende a percepire da ogni parte in modo smembrato come se al posto dell'iride possedesse dei caleidoscopi. Si colloca su una panchetta e a tono basso incomincia a ruttare melodicamente; a questo punto Giacomo dichiara alla ragazza di non stare in pena se vuole riunirsi gli altri, ma che lui deve allontanarsi con l'amico per aiutarlo a vomitare e che, comunque, si incontreranno nuovamente più tardi nei pressi della panchina. La ragazza dapprima gli addita l'itinerario per isolarsi e in un secondo tempo si sgancia da loro e instrada la direzione degli altri. Arturo e Giacomo vagano per un centinaio di passi, dopodiché si ritrovano in un luogo appartato del centro abitato, che si sporge dritto sulla superficie delle giogaie che a quest'ora richiamano alla memoria il meccanismo degli elettrodomestici, con tutte quelle luci così fioche e tinte delle abitazioni e dei lampioni. Si affossano su una piccola cinta con la schiena in direzione del paese e Giacomo azzarda a fargli un predicozzo, intanto che Arturo biascica parole insensate e burlesche

«Giacomino, che fai? Bieni a sedetti accanto a me che ti lacconto una fabola; bieni bieni, e non avede pauda di me...».

Continuando a sogghignare, Giacomo se lo tira a sé augurandosi di ammansirlo. Cosicché Arturo inizia a mutare l'intensità della voce e d'un tratto esplode in un gemito infantile, trasferendo della bava sui calzoni dell'amico. Sconcertato, Giacomo prova ad assisterlo per farlo alzare nuovamente, ma

Arturo seguita a tartagliare ragionamenti e asserzioni sconclusionate.

«Giacomino, tu mi vuoi bene? No, non mi vuoi abbastanza bene. Solo Gaya mi voleva bene - io invece voglio molto bene a tutti voi - ma soprattutto voglio bene a te - non ti spaventare ma ti voglio tanto bene - tu non sai quanto - non posso confessarlo ad anima viva...»

Giacomo cerca di non prestare attenzione. Perfino lui, spesso, quando alzava il gomito spiattellava al vento spropositi e avvistava persone immaginarie. Dopo una striscia abbondante di minuti Giacomo la spunta e riesce a mettere l'amico in piedi e cacciandogli due dita in gola lo incoraggia a rigettare contro un verziere. In questo momento per combinazione non circola nessuno e visto che vicino c'è addirittura una fontana, Arturo riesce a darsi una lavata. Si rimettono seduti uno accanto all'altro come esili fili di malva e Giacomo agguanta la sua mano tenendola stretta tra le sue, con lo sguardo interrotto sulle montagne.

«Sai Arturo, da quando ti sei imbattuto nella mia quotidianità lo stato delle cose si è tramutato. Mi sono sempre sentito rincuorato e tutelato quando tu eri nelle vicinanze. Al principio ero piuttosto circospetto nei tuoi riguardi, perché avevo il timore che volessi sottrarmi Gaya, ma poi col trascorrere del tempo ho realizzato meglio, che solo grazie alla

tua correità avevamo raggiunto sette anni di storia. Forse perché sono stato figlio unico, pertanto ho sempre bramato un fratello, ma il bene che nutro per te è singolare e inconsueto. Riconosco che tu possa avercela con me per aver allontanato freddamente Gaya, ma non devi, lei starà meglio così. Anche a me manca tanto e ho nostalgia di entrambi, e se vuoi che io sia schietto, per alcuni versi ho il rimpianto dell'insopportabile Giacomo di un tempo; ma devo chiarire una complicazione che mi preme molto e se non lo faccio immediatamente non potrò considerare di avere alcun futuro neppure con me stesso. Per di più vorrei rafforzare un pensiero e ribadirti che questo viaggio in tua compagnia, mi sta dando una serie di trepidazioni che non riesco nemmeno a spiegarti; in questo preciso istante non avrei voluto nessun altro al mio fianco».

Mentre Giacomo, con difficoltà, cerca di divulgare la sua meditazione, Arturo seguita a guardare fissamente il vuoto dinanzi a sé con un'espressione languida, fino a quando, singultendo in lacrime, ruota nella sua direzione e se lo accosta in una stretta vigorosa. Poi sentendosi subitamente incomodo, si disincaglia domandando perdono per aver fatto una cosa del genere. Giacomo replica di non scusarsi. E' stato tenero perché impulsivo. Anche lui lo avrebbe voluto cingere molte volte, ma non ha mai avuto l'ardimento per il sospetto di essere equivocato.

Nel frattempo approda un messaggio sul telefono dalla loro amica, che vuole sapere come sta Arturo. Entrambi si rizzano in piedi, si aggiudicano una rassettata alla fontana e la raggiungono. L'effetto dell'alcol si è quasi dissipato e mentre ripercorrono il tragitto di prima hanno l'impressione che nella loro sensibilità si sia schiuso un nuovo varco emotivo e un'insolita intesa tra di loro.

Quando la ragazza li incontra nuovamente chiede cos'è accaduto poco prima perché si accorge di un atteggiamento diverso da ambedue, particolarmente in Arturo. Neppure loro stessi sanno dare una motivazione equanime, riconoscono solamente che qualcosa nel loro legame si è alterato, la commozione testimoniata dopo quella stretta di mano e quell'abbraccio è stata qualcosa di veramente complesso.

La festa prosegue briosamente e l'amica li induce ad infilarsi uno dei molteplici abiti d'epoca disponibili, e partecipare al corteo assieme a lei, con delle grosse campane agganciate al collo. La compagnia di amici è ampiamente promiscua sia per generazione che per derivazione, ed è più di ogni altra cosa, abbondantemente ospitale; li accolgono nella combriccola come se si frequentassero da sempre. Al termine della serata, prima di rientrare, un ragazzo del gruppo lancia l'idea di fare capolino sulla costa in macchina per fare il bagno in mare.

Neppure uno manifesta un dissenso, e anche Arturo e Giacomo gradiscono.

«Che bella comitiva di amici che ha la collega di Arturo, proprio quelli che piacerebbe anche a me avere; tante teste diverse, ma con un solo cervello che porta tutti al puro e solo divertimento. Senza fare troppi spropositi azzardando anche di farsi del male».

Mentre percorrono la via in direzione del mare, nel buio della vettura Arturo elucubra sulla missiva che ha nello zaino. Dopo quello che Giacomo gli ha asserito non sente più il bisogno di mostrare il suo segreto. Forse, la cosa più opportuna è stracciare il messaggio scritto unitamente a tutto il contenuto dello scrigno. Ma è un'intenzione che gli annuncia agitazione, per cui la lascia in sospeso e seguita a provare godimento per la limpida situazione che sta trascorrendo con l'amico.

Dopo aver posteggiato le auto, i ragazzi si spogliano e si gettano in acqua. Fra gli ultimi si tuffano Giacomo e Arturo. Mentre nuotano i due si rendono conto di non essere da soli, c'è parecchia frotta che sta ancora arrivando. Uno dei ragazzi parafrasa loro che questo è un cerimoniale che si mette in atto tutti gli anni: successivamente alla manifestazione in piazza, ci si porta tutti al mare e si chiude la celebrazione con l'immersione in acqua. A Giacomo questa tradizione lo conquista lungamente; sono tali infrequenti avvenimenti che danno volizione all'esistenza di un uomo, non quelle imbecillaggini a cui era stato assuefatto per numerosi anni. Arturo intanto si accosta silenziosamente all'amica per esprimere riconoscenza. E' anche merito suo se tale discreta vacanza darà un carattere difforme al susseguirsi degli eventi.

La mattina seguente, dopo baci e abbracci, si congedano dalla ragazza e si mettono nuovamente alla guida. Secondo la tabella di marcia, salvo imprevisti, dovrebbero arrivare prima di pranzo.

Al paese, frattanto, è tutto un brulichio. Lo zio ha mondato casa e ha anche dato una rinfrescata alle bestie in giardino. I nonni, invece, dopo aver preso parte ad una sana colazione e mandato giù le compresse per la pressione, rimangono in attesa seduti e ben abbigliati sul terrazzo. Il padre aveva informato qualche settimana prima che non si sarebbe recato al lavoro e che avrebbe preso due giorni di ferie, per cui tutti gli impiegati dello studio sarebbero rimasti anche loro a casa. La madre, invece, l'amata mamma di Giacomo, questa mattina si trova ancora dinanzi allo specchio; mentre si spazzola i capelli si guarda attentamente le mani e tutte le varie grinze sul viso che il tempo le ha regalato. Con quel nuovo taglio di capelli, di certo, il figlio non la riconoscerà; ha scelto di non avvolgerli con una tintura ma di dare vigore al grigio naturale che oramai ha da un po' di tempo. La prima chioma bianca era affiorata la notte della separazione da Giacomo. Ha voluto indossare una mise bianca a fiori colorati con le bretelle rosse e lo spacco sul fianco, e un paio di scarpe nere con un piccolo tacco di qualche centimetro. La collana che le cinge il vizzo collo le è stata regalata da Giacomo e dal padre per il compleanno dei suoi quarantaquattro anni, quando Giacomo era poco più che adolescente.

«Dovrebbe essere quasi di strada. Da quello che mi ha ribadito questa mattina passa prima da Fulvio a lasciare il suo amico e poi si fa accompagnare qui. Pertanto tra una manciata di minuti al massimo, dovrebbe valicare l'uscio di casa...cosa gli chiederò io? Cosa mi risponderà lui? Si sarà lasciato alle spalle il passato o una volta che mi avrà dinanzi riesaminerà nuovamente quella drammatica notte di tanti anni fa? Mah, chi lo sa, non resta che aspettare e vedere con i miei stessi occhi».

Nel frattempo i due viaggiano lesti e dopo poco, finalmente, si trovano dinanzi a loro l'indicazione di *benvenuti* al paese. Giacomo prova un inspiegabile stupore di risoluzione: ruota la testa in direzione di Arturo che sta guidando, e gli dà una manata sul dorso.

Poi, con qualche palpitazione nel torace, si ritrovano difilati dinanzi al cancello schiuso con lo zio in piedi, su un lato, che li attende con la sigaretta fumante in mano.

«molto piacere, io sono Arturo, l'amico di Giacomo. Spero di non procurarle disturbo»

Fulvio appena scorge il nipote uscire dalla vettura, smorza la sigaretta e la lancia in terra; poi lo avvinghia in una morsa e gli stampa un bacio sulla fronte che lo scocco fa un eco bilustre. Il ragazzo constata da subito che lo zio non è segnatamente cambiato dall'ultima volta che lo ha rivisto all'esame di laurea, seguita a possedere la sua sospettosa pancetta e qualche capello in meno sulla fronte, ma tutto sommato è abbastanza in forma. Arix e Toffee lo identificano istantaneamente ma per via degli anni trascorsi anche per loro, ce la fanno solo a dimenare la coda e ad arrendersi su un lato quando lui li vezzeggia sotto la trippa. Giacomo segue dentro l'abitazione lo zio, con Arturo a seguito, e dopo una serie di intercessioni, fa un cenno col capo ad entrambi e si instrada in direzione della casa dove lui è cresciuto. Il tratto di carreggiata da attraversare è abbastanza breve ma Giacomo, preso dall'esaltazione, comincia a vaneggiare. Intensi *flashback* rimpatriano alla memoria e molte delle persone a lui più care attraverso i ricordi gli rammentano qualche aneddoto.

«..Giacomo con quella faccia da stronzo che ti ritrovi, potresti ammaliare anche un leone - ma amore mio, noi volevamo dirtelo prima ma non abbiamo avuto il coraggio - tu sei per me un figlio e ti aiuterò a portare a termine i tuoi progetti - Giacomino mi piacerebbe un giorno poterti dire

tante cose e raccontarti la mia storia, sai - Ma che fai, perché non mandi giù un altro goccio di alcol e la smetti di frignare - tutti quelli come te, non fanno altro che pretendere senza dare niente indietro...»

Giacomo ad un certo punto preme il pedale dell'acceleratore e il bambino dei suoi incubi gli si siede accanto con un gelato in mano. Questa volta però, ha un viso familiare, sembra Giacomo da piccolo.

«Sai, questi sono i miei gusti preferiti: cioccolato e nocciola. Non ti dà fastidio se mi sono seduto in macchina con te, vero? Ho fatto molta strada e non pensavo di finire seduto accanto a te, pochi secondi fa ero su una nave in mezzo al mare e adesso, mi ritrovo qui e con un cono in mano. Mi piacerebbe raccontarti una storia, ma vedo che vai di fretta. A proposito, dove stai andando? Ah vabbè, come al solito, quando si tratta di te, non ti va mai di parlare. Comunque, la storia parla di un ragazzino che vive in una casetta sulle nuvole, ad un certo punto scoppia un acquazzone e la casetta si scioglie perché è fatta di illusioni. Il ragazzino privo di ogni radice e di ogni tipo di legame salta dalla nuvola e va a finire sulla terra ferma. Arrivato qui, il ragazzino si trasfigura in adulto e tutto intorno a lui non ha più colore: i fiori, le case, il mare ed il cielo sono in bianco e nero. Questo giovane prova ad entrare in qualche casa ma all'interno tutte le pareti sono piene zeppe di porte che si aprono e si chiudono senza dare spazio a nient' altro; esce da

una di queste case e inizia a percorre una strada che si trova dinanzi. Questa strada all'inizio è liscia e dritta, la percepisce perché è senza scarpe; dopo un po' inizia a diventare curva e fastidiosa ai piedi...»

Giacomo seguita a gorgheggiare avvertendo la sua macchina scoperchiata col sole che lo acceca, quando rivolgendo lo sguardo allo specchietto retrovisore scopre la borsa schiusa di Arturo sul sedile posteriore. A questo punto rinsavisce e dinanzi a sé, a pochi metri scorge un'altra auto sopraggiungere letteralmente dritta a lui. Non ha neppure il tempo di allarmarsi che rapidamente si immette nuovamente sulla sua corsia, sfuggendo alla collisione con la vettura. Arresta di getto il veicolo e col cuore che gli strombazza come un treno a vapore, scende e vomita a due passi dallo sportello. Si cinge il viso con le mani ed è certo di essere ammattito specialmente perché quando esamina il sedile posteriore non rinviene niente. Oramai mancano un centinaio di metri scarsi, ma prima di infilarsi nuovamente alla guida telefona ad Arturo per apprendere se è accaduto qualcosa, e nel momento in cui si procaccia la replica che voleva ascoltare si instrada a passo lento. Rimane sbatacchiato per tutto il resto del tragitto e continua a scrutare il sedile accanto al suo come se ci fosse un'ombra.

Arrivato a casa trova il cancello già aperto. In giardino la zia è in piedi con un fazzoletto in mano, col quale tenta di asciugarsi gli occhi, e che riesce solo a segnalargli con un dito di salire al piano di sopra che ci sono gli altri che lo stanno aspettando. Mentre sale le scale, i primi accenti che capta sono quelli dei nonni che si rimbeccano perché il nonno ha indosso un paio di scarpe che la donna non gradisce. A Giacomo si leva un risolino sulla bocca ed è con tale manifestazione che prova a raggiungerli in terrazzo. Ma ancora prima di valicare l'uscio e trovarsi fuori, sente un tonfo al petto e qualcuno che lo spasima da dietro le spalle; si volta, e la madre viene avanti dalla penombra col suo vestito bianco a fiori. Entrambi irrompono con un gemito che sembra non voler terminare mai, e qualche secondo più tardi si scoprono fasciati in un abbraccio. Appena le loro sagome si urtano abbandonano il loro sfogo e cominciano a dichiararsi quello che non sono riusciti a dire in dieci anni.

La donna ad un certo punto gli fa segno di girarsi e da dietro, dall'altro lato del corridoio, scorge il padre ancorato al *parquet* come un busto di gesso. I due sono uno dinanzi all'altro e quando Giacomo prova a stringergli il palmo, l'uomo se lo accosta a se in un robusto nastro e con una delle mani gli vezzeggia la capigliatura.

Giunti sul terrazzo, si uniscono ai due anziani e si accomodano intorno al tavolo che a Giacomo da piccolo piaceva tanto. Scruta i familiari e distingue come il trascorrere del tempo abbia operato su ognuno di loro; prova una tenera emotività per tutti gli altri, ma la saggia specialmente verso se stesso. Qualcuno di loro poteva anche non esserci più e lui avrebbe sciupato ulteriormente una parte fondamentale della loro esistenza. Quello che emozionalmente lo compromette in maggior misura è il padre, che si è piazzato in un cantuccio del terrazzo e lo fissa come se rivolgesse lo sguardo nel vuoto. Giacomo avverte che gli occhi dei suoi cari ce li ha tutti addosso; per loro è come se fosse ritornato dal mondo dei morti.

A qualche chilometro da lì, a casa dello zio, Arturo si è piazzato sul canapè mentre Fulvio riordina alcune cose da portare alla sorella.

Rimasti isolati, lo zio ne approfitta per domandare al ragazzo come sta realmente il nipote. Poco prima ha avuto l'impressione di ritrovarlo emaciato e scarno nell'espressione facciale. A questo punto, Arturo gli riporta gli ultimi avvenimenti successi con Gaya e Luca, e anche il motivo per cui lui era arrivato con Giacomo, e dei casini verificatosi alla stazione per via del ritardo.

Durante il chiarimento, l'attenzione di Arturo viene sottratta dalle fotografie che lo zio ha disposto sul tavolino basso davanti al divano e sulle mensole sopra il caminetto. Cerca di rappresentare Giacomo in un altro momento della sua vita, antecedente a quello in cui lui lo ha conosciuto, attorniato solo da persone che gli volevano bene. Dalle immagini lo giudica irriflessivo e genuino. C'è un'istantanea, in particolare, dove l'amico è al mare in costume, con una grossa spigola in mano ancora attaccato alla lenza.

«Quello fa parte di uno dei momenti più belli, incalza lo zio. Non c'è dono più grande a cui si possa ambire che vedere un nipote, sorridere in quella maniera».

Arturo davanti a quelle dichiarazioni, azzarda un turbamento così inadatto che deve scostarsi per non far comprendere a Fulvio fino a che punto è inquieto. Ed è con lo stesso smarrimento che si sta apprestando per conoscere il resto della famiglia, principalmente i genitori di Giacomo.

«Arturo, se sei pronto ci possiamo preparare per spostarci dagli altri. Se non ti necessita la borsa puoi lasciarla anche di qua, o se ti senti più al sicuro puoi appoggiarla in camera da letto dove ti pare».

Arturo senza stare troppo a pensare, la abbandona in camera di Fulvio, occultandola con prudenza sotto il letto.

Di corsa si ficcano in macchina e si avviano verso l'altra abitazione. Arturo continua ad essere inquieto, ma non lo lascia a vedere, finge di essere solo un po' fiacco per il lungo viaggio faticosamente concluso. Ad un certo punto, durante il tracciato, lo zio si gira verso la costa per indicare un luogo preciso al ragazzo. Lì il nipote molti anni prima gli aveva rivelato che il suo sogno sarebbe stato quello di farsi marinaio e girare il mondo. E mentre guarda di lato e racconta, non avverte la vettura che sta sopraggiungendo dal lato opposto della strada a tutta velocità.

«Oddio, cos'è successo, ma cos'è tutto questo sangue? Non riesco a muovere le gambe, devo gridare aiuto, ma non ho la forza. Arturo dove sei? Mi rispondi? Arturo ti sto chiamando, per favore mi puoi rispondere? Aiuto, c'è qualcuno che mi sente? Vi prego aiutatemi, non ho più voce e non so come fare. Arturo, alzati, parlami; non fare così...».

Dalla terrazza hanno sentito un fragore reboante, poi più niente. Giacomo ha una singolare sensazione. Lo zio ed Arturo non sono ancora arrivati e lo strano vaneggiamento che ha avuto poco prima in strada seguita a tormentarlo. E' inondato da un calore pungente allo stomaco e sente qualcuno che lo invoca, un suono flebile nella sua testa. Si spaventa perché tutto vuole, tranne che avere un'altra allucinazione dinanzi alla sua famiglia. Si solleva in piedi per far cessare quel ritmo e prova a telefonare ai due che non rispondono neppure dopo diversi tentativi. In questo stato senza nemmeno avvisare gli altri recupera le chiavi e scende di corsa le scale che lo conducono alla macchina. Percorre la strada opposta per andare difilato a casa dello zio.

Lungo il tragitto, però, continua a sentire delle vibrazioni moleste lungo tutto il corpo. Quando si trova dinanzi alla sciagura esplode in uno strepito di costernazione. Ovunque, davanti ai suoi occhi rottami di metallo, gomma, vetri e schizzi di sangue. Col cuore che gli batte come il tamburo di un'orchestra, si avvicina e vede dentro una vettura nera un uomo bloccato dalla cintura che lamenta un dolore alla gamba, lo favorisce per svincolarsi e lo aiuta a sdraiarsi in terra. Crede che a parte un problema all'arto inferiore non ha altro, per cui lo lascia indietro e continua a portarsi avanti in mezzo a quegli avanzi di carrozzeria. Inizia a subire qualche capogiro e a venire meno la lucidità, quando in terra in un bagno di sangue vede lo zio e non capisce se è morto o se è solo svenuto. Prova a rianimarlo e dopo qualche istante quest'ultimo gli risponde. Giacomo con gli occhi rossi di speranza e una coscienza come quella di un bambino, gli domanda cos'è successo e che fine abbia fatto Arturo; ma lo zio, essendo in uno stato confusionale non riesce a farfugliare niente di realistico. Perfino non lo riconosce neppure e dopo qualche istante perde nuovamente i sensi.

Giacomo agguanta il telefono dal taschino e chiama il padre perché preso dallo sgomento, non sa che fare; quest'ultimo gli ribadisce di stare tranquillo che sta per arrivare e che chiamerà lui stesso i soccorsi. Stacca la conversazione scalpitante e seguita a rintracciare l'amico. Intorno a lui continuano ad esserci solo pezzi di metallo e corpi stesi in terra, ma quello di Arturo non si vede e non lo sente nemmeno vociare o denunciarsi. Ad un certo punto dal ciglio della strada vede accostarsi un bambino, il medesimo dei suoi incubi e lo stesso che poco prima era in auto con lui. Per una strana ragione però gli manca la bocca; tenta di persuaderlo ad andarsene e lasciarlo in pace, ma l'apparizione col dito gli indica in una direzione sotto il livello stradale in mezzo agli alberi e poi si dissolve. Giacomo cerca di identificare bene in mezzo ai fusti e avvista il corpo dell'amico martoriato tra i rami come se fosse un pupazzo esanime. Nel frattempo, dalle due direzioni opposte alla scena dell'incidente, sono giunti il padre e l'ambulanza. I soccorritori, appena elaborano un rapporto della situazione, fanno arrivare con urgenza un elicottero e dopo aver recuperato con complessità il corpo di Arturo vanno spediti in direzione dell'ospedale più vicino. Giacomo esorta il padre affinché vada in clinica con i paramedici, frattanto che lui si incammina verso l'abitazione dello zio per recuperare gli effetti personali dell'amico, con l'illusione che possa anche ritrovare il suo cellulare. Spera di trovare un telefono ma non sa, in verità, a chi dovrebbe telefonare, specialmente non saprebbe come comunicarlo. Da Arturo, da quando si conoscono, non l'ha mai spuntata a procurarsi qualche informazione riservata che fosse pertinente alla sua vita, ai suoi genitori o al luogo dove è nato e cresciuto:

«se dovessi perderlo così su due piedi, non me lo potrei perdonare. Ti supplico, non ti allontanare da me proprio in questo momento. Adesso che le cose sembravano andassero meglio, non puoi svanire nel nulla e lasciarmi così. Io non ce la posso fare ad andare avanti senza il nostro rapporto».

Tra singulti e frasi dissennate Giacomo giunge a casa dello zio e dopo aver parlato nuovamente col padre al telefono, entra nell'abitazione. Indaga un po' ovunque ma non la spunta né sul cellulare né sulla borsa, per cui recuperare il suo dal taschino e prova a chiamare contando di sentirlo squillare. Difatti dopo qualche istante lo sente trillare, non dalla sala, ma dalla camera dello zio. Il segnale arriva proprio da sotto il letto, per cui si curva e riesuma la sacca.

«Ma perché l'ha nascosta proprio sotto il letto? Non capisco!»

La schiude ed il cellulare col suo nome sul display fa capolino da una tasca interna mentre seguita a squillare; arresta la chiamata e comincia a scorrere lungo tutta la rubrica. Di contatti ce ne sono realmente pochi e mentre procede indugia su quello di Gaya. Non sa che fare, brama di ascoltare la sua voce, ma ha il sospetto di risultare sfacciato o di darle pena, ma sopra ogni cosa, non sa in che rapporti sia rimasta con Arturo. Alla fine, però, stabilisce di telefonarle pensando di fare la cosa giusta. Accantona le sue incertezze e la chiama. Recupera il numero dal suo stesso apparecchio telefonico e dopo qualche tentativo e numerosi squilli lei reagisce.

«Ciao Gaya, come stai? Mi sento mortificato per questa chiamata ma per favore, ascoltami e non sbattermi il telefono in faccia. Non ti spaventare, ma devo darti una brutta notizia. Mi trovo al paese dalla mia famiglia e per sincronismi un po' strampalati è venuto con me anche Arturo. Per l'ora di pranzo dovevamo vederci a casa dei miei genitori, ma poco prima sulla strada verso l'abitazione ha avuto un terribile incidente in macchina con mio zio e li hanno portati entrambi d'urgenza in ospedale con l'elicottero. E' ovvio che io spero che vada tutto a buon fine, ma devo anche essere franco nel rivelarti che il suo stato di salute è angosciante e ho un insolito presentimento che mi sta inquietando parecchio».

La ragazza dall'altra parte del mediterraneo rimane attonita e singhiozzando lo informa senza pensarci due volte, che lo raggiungerà prima possibile. In seguito a qualche precisazione si fa lasciare tutte le indicazioni per recarsi in ospedale e così facendo lo saluta, ma prima di chiudere la telefonata gli raccomanda di essere fiducioso, che sarebbe arrivata lei ad assisterlo. Giacomo schiaccia il bottone rosso e lascia il telefono capitombolare all'interno della borsa, ma sente che l'aggeggio colpisce qualcosa di rigido che echeggia nella stanza. Si fa spazio tra le cianfrusaglie che ci sono dentro e scorge nel fondo il cofanetto; lo tira via e se lo porta in sala. Sprofonda nel canapè e prima ancora di destinare un'azione al rinvenimento, appare il nome del padre sul suo cellulare. Schiaccia il pulsante di avvio ma mentre lo esegue, sente un insolito sapore in bocca, come se si fosse aperta qualche vescica e sentisse il sapore metallico del sangue. Apre la conversazione e il padre gli comunica l'esito della visita fatta dai medici ai tre malcapitati. Gli racconta cosa secondo gli specialisti era venuto fuori; che il signore della macchina nera aveva avuto solo una frattura all'anca sinistra, lo zio un trauma cranico, diverse fratture alle ossa della faccia e che lo avevano anche dovuto operare per togliere un pezzo di lamiera che gli si era conficcata nel fianco, ma tutto sommato se la sarebbero cavata entrambi.

«Papà. perché non mi hai ancora detto niente di Arturo, ti prego parla! E non mi fare stare in pena. Dimmi che ci sono buone notizie».

Il padre gli ribadisce di stare calmo ed essere paziente; di ascoltare quello che ha da dirgli, e di non prenderlo proprio alla lettera perché lui non è un medico, per cui gli dirà solo quello che è riuscito a carpire.

«Per prima cosa, vorrei dirti che il direttore della clinica in cui è stato ricoverato Arturo è un mio caro

amico nonché chirurgo, ed è lui stesso che se ne sta occupando. Mi è stato riferito che Arturo è in gravi condizioni, ha perso molto sangue per via della caduta e avrebbe immediatamente bisogno di una trasfusione, ma non solo; ha sbattuto su una grossa frasca di albero, e questo colpo ha compromesso i reni. Il medico mi ha confidato che qualche familiare dovrebbe giungere prima possibile in ospedale e se dopo i vari esami, qualcuno di loro, dovesse risultare compatibile, si dovrà procedere, tentando con un trapianto…».

Giacomo preso da una, quasi, perdita dei sensi chiude la telefonata e comincia a mulinare per casa come un alienato; gli viene alla mente Arturo, prima in macchina durante il viaggio e poi in terra in mezzo a quegli alberi. Sente che l'ossigeno non gli arriva più al cervello, prova a sedersi e richiama Gaya raccontandole della telefonata col padre. Che forse quando lei arriverà da lui, il loro Arturo non ci sarà più. Lei in fretta e furia e bloccandolo sul nascere, replica che non le interessa un bel niente di quello che blaterano i medici; che si trova già in aeroporto e che sta solo aspettando l'imbarco. Giacomo si accosta con la schiena al divano e adocchia sul tavolino dinanzi a sé il cofanetto che prima aveva in mano. Lo agguanta e prova ad aprire il coperchio. Dentro recupera tre fotografie. In una c'è l'immagine di Arturo da bambino, avrà avuto poco più di due anni, con quelli che presumibilmente sono i suoi genitori. La donna ha i capelli biondi e un bel sorriso, mentre l'uomo gli occhiali e una folta barba. Non gli somigliano molto, a parte qualcosa nel modo di sorridere. Ma sono le altre due che lo trattengono da una deflagrazione. Giacomo seguita a ingurgitare aria con voracità e durante, avverte che sta per perdere coscienza; si alza per afferrare un bicchiere e bere dell'acqua fresca e si siede nuovamente sul divano. Mette sul tavolo le due fotografie e le esamina nuovamente meglio. Nella prima, a sinistra, c'è una sua immagine, sotto casa a Roma, tre anni prima. Nell'altra, a destra, due persone che lui conosce perfettamente, perché sono i suoi genitori, ritratti sulla terrazza della loro casa, almeno 20 anni prima.

«Ciao tesoro sono mamma. Io e papà ti elaboriamo questo scritto e te lo facciamo recapitare solo dopo che noi non saremo più in vita, perché solo l'idea di perderti ci annichilisce. Siamo entrambi seduti davanti a questo foglio bianco per farti una confessione che sicuramente ti farà provare dolore, ma noi non siamo all'altezza di portarcela nella bara. Dobbiamo inchiostrare di scuro quello che per tutti noi si è trattato del tuo passato, e dobbiamo farlo senza avere i tuoi occhioni puntati addosso. Leggendoci prova solo a comprendere parte del dolore di due genitori desiderosi di avere un figlio. Ascoltaci bene. Prima che tu venissi al mondo, noi provammo ad avere un

figlio ed io in conclusione riuscì a portare avanti tre gravidanze con conseguente aborto proprio come sempre ti dicemmo. L'unica cosa che ti celammo fu l'origine della tua nascita. In quel periodo io e papà provammo la strada dell'adozione, ma anche quella non andò a buon fine. Noi ci amavamo veramente tanto ma sentivamo che un pezzo fondamentale mancava al nostro amore, ed era la possibilità di essere genitori. E fu così che noi venimmo contattati da un tizio. Ci disse che possedeva delle informazioni su una donna che avrebbe partorito dopo qualche mese, ma che non poteva tenerlo. Se avessimo pagato una grossa cifra in denaro, avremmo potuto avere quel bambino in una forma di adozione riservata. La notte di un paio di mesi dopo prendemmo un aereo e andammo in un clinica privata nel sud Italia, dove ci fu questo scambio. Ci illudemmo di aver fatto un favore alla donna; ci dissero che i soldi l'avrebbero aiutata a rifarsi una vita. Ma dentro di noi sospettavamo che non fosse così e ne avemmo la conferma quando si avvicinò a noi un uomo, che capimmo essere il tuo vero padre. Abbiamo la sua immagine agghiacciante dinanzi agli occhi tutte le volte che tu ci guardi. Ancora adesso spesso mi viene in sogno e mi ricorda della fotografia che mi diede in mano quella notte scrivendomi i loro nomi dietro di essa. Se oggi tu stai leggendo questa lettera è principalmente grazie a quel signore. Vorremmo tanto essere lì con te per tenerti stretto nelle nostre braccia, ma capiamo anche il dolore che tu stai provando in questo istante. Vogliamo solo, che tu un giorno possa perdonarci. E sappi un'altra cosa: noi ti abbiamo amato come se fossi stato nostro ed io come se ti avessi avuto in grembo per nove mesi...».

Giacomo rimane saldo sullo scritto senza continuare la lettura una quantità di tempo che sembra infinita, afferra la fotografia, la gira e scorre con gli occhi il suo nome e quello dei genitori riconoscendo la calligrafia del padre. Raccatta le ultime idee che gli sono ancora rimaste intrappolate in testa, si lascia l'abitazione alle spalle ed esce di corsa ficcandosi in macchina. Sollecita il padre al telefono e gli ribadisce di comunicare al medico che ha urgenza di parlargli in privato.

Gaya, nel frattempo, sta sorvolando sopra il Mediterraneo col sentore che Arturo la stia già fissando da lassù, ma si sforza di levarsi quell'immagine negativa dalla testa. Prima di prendere un taxi e andare in aeroporto, aveva illustrato alla madre cosa si era detta al telefono con Giacomo. Lei, stranamente, aveva cercato di aiutare la figlia a pianificare il viaggio.

Alla base di tutto, alla madre è sempre piaciuto Arturo; è quello che avrebbe sempre voluto come genero.

Una volta atterrata, si spinge verso l'uscita dell'aeroporto e chiama un taxi col quale va difilata in ospedale seguendo le indicazioni che aveva ricevuto poco prima. In strada Giacomo sembra una pallina da flipper, cerca di sorpassare qualunque macchina si trovi davanti per arrivare prima possibile dall'amico senza considerare troppo le infrazioni. A lui però non interessa niente, pensa solamente al fatto che ancora prima di poter rivelare ai genitori che ha ritrovato il fratello lo deve rimpiangere perché perisce. Non ha avuto il tempo di realizzare questa novità che si è dovuto lanciare in questa corsa contro il tempo.

Mentre scende dalla vettura e ancora prima di entrare in ospedale giunge un messaggio di Gaya nel quale gli afferma che è appena arrivata e lo sta aspettando nella hall. Giacomo solleva la testa e se la ritrova dinanzi. Si scambiano un'occhiata con la stessa intensità di chi è scampato ad una guerra e si dirigono verso il reparto dove c'è il padre che li aspetta. Giacomo pretende di poter parlare immediatamente da solo col chirurgo e gli espone tutta la storia della lettera, ribadendogli più volte che si sarebbe sottoposto lui stesso all'asportazione dell'organo per la donazione. Quando i due escono dalla stanza, lo specialista spiega al padre del ragazzo e a Gaya per filo e per segno che esiste una nuova tecnica sperimentale di trapianto da donatore vivente e che Giacomo vuole provare, perché risulta compatibile. Gaya e il padre non vogliono credere alle proprie orecchie. Azzardano nel fargli cambiare idea, ma lui è irremovibile, ribatte che non ha mai fatto niente nella sua vita di così tanto importante per qualcun altro, che sente di doversi riscattare proprio adesso, verso Arturo per come è stato di grande aiuto in passato. Si accosta al padre e lo rassicura palesandogli a bassa voce che se l'intervento andrà bene lui e la madre saranno orgogliosi del figlio. Poi segue il dottore per fare tutti i controlli e gli esami preoperatori.

Il padre, incapace di reagire, si scosta dinanzi ad una delle tante finestre che danno sul cortile:

«Tra qualche giorno Giacomo compirà ventisette anni e non posso credere che siamo nuovamente in questo ospedale. Ventiquattro anni fa ho perso un figlio ed oggi rischio di perderne un altro...».

La madre, frattanto, appena ha saputo dell'accaduto, ha preso un taxi e si è precipitata in ospedale:

«Ventiquattro anni fa venni portata in questa clinica per partorire un figlio ed oggi mi ritrovo qui per supplicare l'altro di non abbandonarmi nuovamente...».

Qualche anno dopo la sparizione del povero fratello, la clinica venne chiusa e successivamente un grosso finanziatore americano la riattivò affidando la direzione all'attuale primario. Da quel momento in poi non si videro più atti delinquenziali o azioni simili e in pochi anni la clinica aveva acquisito un'immagine di rilievo, specialmente perché era collegata col dipartimento di anatomia umana della facoltà di medicina.

Nella corsia, seduti uno di fianco all'altro, su una panca in legno verde laccato, i genitori di Giacomo insieme a Gaya subiscono in segretezza l'esito dell'operazione. La ragazza non sa niente di loro ma i due conoscono un po' la sua storia e la guardano con tono amorevole come se facesse già parte della loro famiglia. Inoltre il solo fatto che sia arrivata in così poco tempo da Barcellona la dice lunga e la donna ne è affettuosamente compiaciuta. Il tempo sembra non voler scorrere mai, e intanto fanno a rotazione per andare a controllare lo stato di salute dello zio al quale non hanno ancora detto niente di quello che sta subendo il nipote.

In sala operatoria, nel frattempo, i due corpi giacciono sui lettini. Arturo dopo l'incidente non ha mai più ripreso conoscenza, e Giacomo sotto anestesia dorme già da qualche ora. Come di consueto un altro sogno intralcia la sua fase dormiente. In questa occasione ritorna bambino e si ritrova sul pontile del lungomare del suo paese quando arriva un'imbarcazione di viaggiatori. Alcuni scendono, altri salgono. Durante questo via vai di villeggianti, Giacomo scorge il solito bambino dall'altro capo del barcone. A tal punto sceglie di salire insieme agli altri. Quando sono già distanti dalla costa, tenta di entrare in relazione con quell'essere bizzarro, ma più lui si accosta, più l'altro si allontana e indietreggia in direzione del bordo della nave. Il piccolo Giacomo mentre brama un avvicinamento incespica, e ruzzola a una manciata di centimetri più in là di da dove si trovava prima; quando si rizza in piedi si accorge che la piccola mano del bambino si trova attaccata al cordolo della stessa. Cerca di correre nella sua direzione ma mentre si impegna a fare questo movimento, i due cambiano aspetto e si trasformano in due adulti…

Prima che la visione onirica si conclude viene trasportato in una stanza immacolata dove di fianco alla sua branda ci sono in attesa i genitori con Gaya. Giacomo appena riesce a riprendersi dopo quello che ha subito, domanda delle condizioni di salute di Arturo. Loro replicano che il medico che è appena andato via, ha sostenuto che l'intervento è andato bene oltre ogni aspettativa. Adesso dipende da quanta forza e volontà ci avrebbe messo il ragazzo per sopravvivere. Giacomo chiede ai genitori di restare da solo con Gaya per parlarle di una cosa molto importante.

Dopo qualche istante si trovano nuovamente da soli, ma in una stanza bianca dove l'unica chiazza di colore è la borsa di Arturo che grava sul comodino vicino al letto. Prima di entrare in sala operatoria Giacomo, si era raccomandato che tale valigia non l'avrebbero dovuta muovere dalla stanza e che nessuno l'avrebbe dovuta assolutamente aprire.

Così, solo in questo momento, invita Gaya di allentarla e di tirare fuori il cofanetto che si trova sul fondo.

«Gaya, mettiti seduta per piacere, prima di alzare il coperchio, sento il bisogno dirti due cose. Vorrei chiederti nuovamente scusa per tutto quello che è successo tra di noi ed esprimerti gratitudine per essere nuovamente qui con me. Non avrei voluto nessun altro in questo momento, volevo solo dirtelo. Non dico che capirai, mi discolperai o addirittura lascerai correre, ma dopo aver visto cosa contiene questa scatola potrai avere qualche chiarimento in più su alcuni miei atteggiamenti. Se spesso sono stato intrattabile o fuori controllo è stato anche perché mi portavo dentro un'afflizione dovuta a una storia inconfessabile...».

Gaya, col piglio corrucciato, apre il cofanetto e frugando tra le fotografie non è in grado di raccapezzarsi adeguatamente su quello che ha sotto gli occhi. Giacomo le dice allora di leggere la lettera. Mentre dà una scorsa attenta, l'espressione facciale della ragazza cambia man mano che giunge alla conclusione. Alla fine Gaya fa sprofondare in terra la missiva e si porta le mani dinanzi alla bocca. Si assesta i capelli dietro le orecchie e quando cerca di articolare qualche parola non arriva a dichiarare niente di compiuto; si solleva in piedi, compie qualche spostamento malfermo per la stanza e si mette nuovamente seduta.

«Ma io non ci posso credere, lui è tuo fratello!? Arturo è tuo fratello! Quindi lui è giunto a Roma dopo la morte dei suoi genitori adottivi per tentare di trovarti e conoscerti? Oddio, è perché non lo ha mai manifestato? Tutte quelle coincidenze, alla fine non erano delle vere e proprie casualità, bensì un atteggiamento studiato a tavolino per arrivare a te. Ma sono senza parole, quella sera al pub, la prima sera io chiacchierai con tuo fratello e lui sapeva già tutto. Ecco quella strana sensazione quando lo sentì per la prima volta al telefono...».

Come Giacomo può evidenziare, Gaya sta pronunciando ad alta voce quello che lui pensò diverse ore prima quando lesse la missiva.

Dopo qualche altra delucidazione tra i due, Giacomo richiede il sostegno di Gaya per rivelarlo ai suoi genitori, anche se non sa in che maniera fare o se aspettare che il fratello si riprenda. Lei, però, lo rassicura per la faccenda di Arturo, mentre per quanto concerne la loro situazione ribadisce che non è il momento opportuno per riparlarne, perché lui ha appena subito un intervento delicato e ha bisogno solo di riposo adeguato. A Giacomo una sentenza del genere non lo sgomenta affatto, perché si sente sufficientemente fiducioso e appagato, visto che due giorni fa era da solo a Roma senza uno straccio di persona cara al fianco, ed oggi invece si ritrova ad averli tutti assieme e con loro, il suo tanto agognato fratello. Decidono in definitiva di aspettare che Arturo si svegli e solo nel momento in cui lui lo vorrà confessare, lo comunicheranno ai familiari.

Gaya si è un po' estraniata perché quando aveva preso l'aereo non pensava che sarebbe stata rapita da così tanti eventi tutti assieme, per cui non aveva neppure programmato di trattenersi così tanti giorni. Quindi molla Giacomo in compagnia dei genitori ed esce fuori dalla stanza per chiamare la madre e tentare di sistemare le cose che ha lasciato in sospeso a Barcellona. Con grande stupore il riscontro che ottiene dalla telefonata è propositivo. La madre dinanzi a quello che ha appena sentito dalla bocca della figlia non può che consigliarle di fermarsi, affinché Arturo non si riprenda e chiarisca la situazione con i suoi genitori. Chiude la telefonata enunciando alla figlia di salutarle Giacomo e di augurargli una buona guarigione.

I genitori in camera, premurosi, si prendono cura del figlio ma seguitano a non comprendere come mai ci si possa privare della propria vita per mettere in salvo quella di un altro, per una relazione di semplice amicizia.

Durante la serata il primario passa per i controlli un'ultima volta prima di mandare i ricoverati a dormire e riferisce a Giacomo e a quelli presenti nella stanza che il loro amico è fuori pericolo, e che molto probabilmente l'indomani si sveglierà, ma con tutte le conseguenze post operatorie. Alla notizia, tutti i presenti in camera, ingoiano una quantità d'aria pari, che per un attimo sembra che il tempo si sia fermato, e tutto ciò nello stesso istante come se si fossero accordati. Sono molto contenti della comunicazione, specialmente Giacomo perché sta pregustando il momento in cui la famiglia per la prima volta si congiungerà.

Nell'uscire dalla stanza, per cui dall'edificio, Gaya viene accompagnata dai genitori a casa loro, e gli altri rimangono in ospedale nelle loro tre diverse stanze; ognuno di loro con qualche rimorso e con qualche senso di colpa, ma tutti e tre sicuramente saranno più sollevati una volta che questa vicenda si sarà conclusa.

Parte terza
Un anno dopo

19.

«Pronto, Giacomo, hai preso tutto il necessario? Sei passato anche da mia mamma a recuperare le altre cose che mancavano? Comunque, dall'aeroporto mi hanno confermato che atterreranno con quindici minuti di ritardo circa, per cui vai con tranquillità ed evita di guidare velocemente. Io frattanto riordino casa e mi faccio aiutare da Arturo. A proposito, prima che mi scordi; ho posticipato l'invito per le otto di questa sera, così ognuno ha il tempo di regolarsi come meglio crede, oltre tutto, in questi giorni sta facendo veramente caldo. Vabbè dai, senza stare troppo al telefono. Ci vediamo dopo. Un bacio...».

Dopo qualche mese dall'incidente, i tre ragazzi avevano stabilito di dare un taglio al passato e di cominciare una nuova avventura nella città di Gaya: una città cosmopolita, energica quanto Roma ma con un litorale ed un mare insostituibile. Lo stato di salute dei due fratelli sarebbe andato migliorando più velocemente in un luogo meno caotico e con la costa più vicina. L'estate successiva al trapianto, la vacanza al paese di Giacomo fu appassionante per tutti. I genitori parevano tirati su da un lungo sonno e il tempo che non erano riusciti a dispensare ai figli in quasi una vita intera lo restituirono nel periodo seguente all'incidente. Giacomo e Arturo, infatti, condividevano tutto quello che potevano, vivevano come se fossero stati uno nell'ombra dell'altro. Gli incubi cessarono dalla notte stessa dello scontro e il piccolo protagonista non entrò più nella fase onirica di Giacomo.

Nel corso di una cena, venne declamata la missiva dinanzi a tutti, così si decise di comune accordo di bruciarla e di gettare via il cofanetto, come segno di buon auspicio. Quella sera fu per tutti un momento prodigioso e memorabile. Rivolgevano lo sguardo al fuoco come se stesse accompagnando lontano da lì una parte della loro esistenza, che bramavano solo di obliare. Da quell'istante in poi le loro fattezze non solo si alterarono nell'espressività, ma rinvigorirono.

A distanza di un anno da quegli avvenimenti, proprio nel giorno del compleanno di Giacomo, i suoi genitori si trovano su un aereo, per celebrarlo, diretto a Barcellona. Quest'ultimo periodo trascorso, per loro è stato particolarmente pregno di impegni e arduo da coordinare, sia emotivamente che concretamente; ognuno dei due coniugi si è dovuto denudare dinanzi ai propri fantasmi in modo esclusivo e sgominarli, ma con il reciproco sostegno si sono messi nuovamente in gioco e si sono riconosciuti sedotti e amanti come un tempo. Questa infida esperienza li aveva mutuamente congelati, ma la stessa disumana situazione li ha accostati più forti di prima. Hanno ripreso a dialogare, a proteggersi e a volte anche a prendersi gioco l'uno dell'altro. In paese li si vede spesso mano nella mano, e i loro sguardi sono esultanti come nei primi anni di sposalizio. L'uomo ha perfino cessato di lavorare a tempo pieno, per interessarsi esclusivamente alla moglie e ai figli. Hanno ripreso a viaggiare parecchio. Giacomo ha nientemeno organizzato in un *book*, una raccolta delle loro fotografie: la madre con un cappello da sombrero in qualche zoo, o addirittura con i bambini in Africa mentre dava loro da mangiare. Per il resto del tempo libero si recano a Barcellona dai figli. Giacomo ed Arturo, in questo istante, non sostituirebbero la loro vita con quella di nessun altro. Consumano molto tempo assieme, più di prima, e man mano che i giorni trascorrono le affinità fra di loro vengono sempre di più a galla. Nei momenti che passano assieme, frequentemente, fanno delle durevoli camminate in spiaggia con una coppia di weimaraner color fegato.

Tra le tante cose che amo di mio fratello quella che adoro di più è osservarlo mentre non mi vede, potrei farlo ininterrottamente per ore; vedo me stesso con gli occhi di un padre e vedo qualcuno che avrei potuto perdere per sempre.

Biografia

Cosimo Mirigliano, Caulonia 1979, esercita la professione di Architetto tra Londra, Milano e Roma e nel tempo libero si dedica con totale abnegazione alla scrittura, sua grande passione. Sin da adolescente manifesta la sua attitudine per l'arte a tutto tondo, perché solo grazie ad essa che riesce a placare le sue inquietudini e a mostrarsi all'altro senza filtri. Nel 2004 ottiene la pubblicazione della poesia La notte e nel 2007 sarà la volta di Stasera - 10 settembre 2005, entrambe edite da Aletti. Nei suoi lavori si riscontra una perfetta osmosi tra i valori classici e quelli moderni. La sua espressione appare a tratti manifesta, a tratti ermetica: la parola è un flusso continuo, ricercata, ponderata, mai banale. Sempre nel 2004 partecipa in veste di attore, allo spettacolo teatrale I fisici, tratto dall'omonima commedia grottesca del drammaturgo svizzero Friedrich Dürrenmatt nel ruolo dell'infermiere McArthur.. Nel 2016 esordisce nella letteratura con il romanzo Due corpi, una sola mente (Cavinato Editore International).

19249327R00142

Printed in Poland
by Amazon Fulfillment
Poland Sp. z o.o., Wrocław